마음돌봄

힘들고 아픈 마음을 안아주는
27일 마음코칭 실습

마음
돌봄

정진 지음

규장

마음의 여정을
시작하는
당신에게

대학생 때, 당시 여자친구였던 아내가 제게 말했습니다.

"오빠는 왜 그렇게 마음이 슬프고 우울해? 그렇게 슬퍼하거나 우울할 일이 별로 없는 거 같은데 말이야. 오빠가 부모님이 없어, 학대를 당했어? 좀 긍정적으로 생각해 봐."

제 아내는 굉장히 밝고 긍정적이며, 요즘 말로 '극T'인 사람입니다. 맞습니다. 남들은 이렇게까지 깊은 우울과 슬픔을 가진 저를 이해하기 어려웠을 겁니다. 저도 이런 제가 이해되지 않았으니 말입니다. 아내의 말대로 저는 부모님이 다 사회적으로도 인정받는 분들이었습니다. 저는 학대를 받지도 않았으며 경제적으로도 힘들지 않게 컸습니다. 하지만 제 안에는 깊은 슬픔과 자주 찾아오는 우울과 고통이 있었지요. 이건 꽤 어렸을 때부터 시작되었습니다.

저는 섬세한 감성을 타고났기에 타인의 감정도, 나의 감정도 예민하게 느끼는 아이였습니다. 그래서 누군가가 얼굴은 웃고 있어도 내면에 괴로움이 있으면 그 감정이 느껴지곤 했습니다. 어릴 때는 이렇게 타인의 감정을 깊이 느끼는 게 어떤 정신적인 문제가 있는 게 아닌지 걱정될 정도였지요.

그러다가 중고교 시절, 예수님을 만났습니다.

하나님은 제게 '사랑한다, 아들아! 내가 너를 사랑하고 아낀다. 너는 나의 귀한 아들이다'라고 말씀해 주셨어요. 태어나서 이렇게 시원하고 단 생수는 처음 마셔보는 듯했습니다. 그래서 주님을 향해 계속 달렸습니다. 끊임없이 기도하고, 예배드리고, 사역했어요. 멈추면 안 될 것만 같았지요.

하지만 잠자는 시간도 줄여서 사역할 때는 잘 느끼지 못하는데, 혼자 있는 시간에는 다시 슬픔과 우울감에 빠져들곤 했습니다. 제 안에 독을 품은 풀들이 스멀스멀 고개를 쳐들었지요. '내가 하나님을 믿는데 이렇게 우울해도 되나?' 하는 죄책감에 휩싸일 때면, 예수님의 사랑이 잘 느껴지지 않아서 "예수님이 나를 사랑하신다. 예수님이 나를 사랑하신다"라는 멘트를 직접 녹음해서 계속 듣기도 했습니다. 그리고 다시 사역에 몰두했어요. 하지만 제 마음의 기본값은 우울이었지요.

이런 제 마음 치유의 여정은 길고 길었습니다. 신학교에서 기독교 교육을 전공하고, 신학을 공부하며 심리학과 상담을 탐구했습니다. 선교단체에서 제자 훈련을 하며 공동체 생활을 하고, 내적치유 세미나를 듣고 기도원에 다니고, 성경공부도 했습니다. 어느새 제 인생의 초점이 나의 우울함이 아닌 하나님을 더 알고 싶은 갈망에 맞춰져 있었지요. 그러면서 제 마음을 만져주시는 하나님을 깊이 경험했습니다.

저는 하나님 안에서 저와 같은 사람들의 마음 문제를 어떻게 해결할지 연구하며 현장에서 사역했습니다.

'사람의 마음을 더 깊이 들여다보고, 이해하고, 도울 전문적인 방법이 없을까?'

고민 끝에 '코칭'이라는 도구를 선택했고, 어느덧 18년째 '라이프코치'로서 수많은 사람을 만나 마음속 이야기를 듣고 그들의 성장과 발전을 돕고 있습니다. 이 여정을 통해 저는 마음이 얼마나 중요한지 깨달았습니다.

하나님께서는 우리에게 '마음'을 주셨습니다.

우리는 마음의 렌즈를 통해 하나님을 봅니다. 이 렌즈가 얼룩져 있으면 하나님을 있는 그대로 보지 못합니다. 왜곡된 시선으로 바라보게 되지요. 이를 깨끗이 닦고 온전히 회복해야만 하나님의 사랑을 충만히 받아 누릴 수 있습니다.

저는 이제 슬픔과 아픔을 다르게 사용합니다. 이것은 저주가 아니라 나와 같이 마음 아픈 사람을 돌보라고 하나님께서 주신 에너지입니다. 끝없이 솟아나는 용광로 같은 에너지요.

저는 죽을 때까지 마음 돌보는 일을 할 것입니다. 특히 마음의 아픔을 숨기고 사는 크리스천, 불안한 세상에서 길을 잃은 청소년과 청년, 그리고 마음의 상처로 인해 자녀에게 사랑을 제대로 표현하지 못하는 부모들을 돕고 싶습니다. 지금껏 그래왔고, 앞으로도 그럴 것입니다.

이 책은 간증집이나 일반 코칭 서적이 아닙니다.

제 신앙과 코칭 여정을 녹여낸 '신앙 안에서의 마음 관리'에 관한 책입니다. 책을 읽기 전에 꼭 기억하세요.

'기도'와 '성경 읽기'는 크리스천에게 호흡과 같습니다. 이

책을 통해 도움을 얻길 원한다면, 반드시 기본 교재로 성경을 읽으며, 기도로 하나님과 대화하는 시간을 우선순위에 두세요. 이 책은 그 과정에서 부교재로 활용하면 좋겠습니다.

또한 제가 늘 반복하여 강조하는 말이 있습니다. 잦은 간격으로 깊은 슬픔에 빠지거나 스스로 감정 조절이 힘들고 신체적으로도 어려움을 겪고 있다면, 꼭 주변의 도움을 받아야 합니다.

의학적으로 우울증은 "수면 장애, 식욕 변화, 신체적 불편, 불안, 초조, 자신감 감소, 죄책감 등의 증상이 나타나며, 때로는 자살 생각까지 2주 이상 지속되는 상태"입니다. 이런 상태는 절대 혼자 해결할 수 없습니다. 몸이 아파 쓰러진 사람에게 스스로 일어나라고 하지 않듯이, 마음이 아픈 사람에게도 전문적인 치료와 도움이 필요합니다. 따라서 우울증이 의심된다면 반드시 전문가와의 상담을 통해 회복의 길을 가길 당부드립니다.

이 책에 담은 내용은 제 개인 경험과 생각일 뿐, 정답이 아닙니다. 각자 삶의 정답은 다르니까요. 그저 제가 살면서 느끼고 배운 것이 당신의 여정에 작은 도움이 되기를 바랍니다.

"내가 너를 사랑한다. 죽기까지 너를 사랑한다."

지금도 제 안에 함께하시는 하나님께서 이렇게 말씀하십니다. 혹시 마음이 망가져 있어서 이 음성이 들리지 않거나 이 음성을 거부하는 분이 있다면, 먼저 마음을 회복하길 바랍니다. 회복된 마음의 렌즈로 사랑의 하나님을 보고 그분의 음성을 들어보세요. 더 나아가, 주변의 마음 아픈 이들에게 그 음성을 전하는 당신이 되길 소망합니다.

저는 우주의 먼지 같은 존재입니다. 그런 저를 구원하시고 사랑해 주시는 하나님, 제 삶의 시작이요 마지막 되신 하나님 아버지께 찬양과 감사를 올립니다. 모든 것이 은혜입니다.

늘 곁에서 함께해 준 아내 찬희, 사랑하는 딸 하라, 아들 해에게 고마움을 전합니다. 제 인생에 도움을 주신 모든 신생님에게도 깊이 감사드립니다.

라이프코치 정진

프롤로그

마음 살피기 | part 1

나를 마주하기 | part 2

CONTENTS

삶의 지도 그리기
part 3

믿음 쌓아가기
part 4

01

마음
살피기

감정 조절이 안 돼요,
감정을 어떻게 다스리나요?

위에 초가 보이나요? 이 초를 계속 태우면 어떻게 될까요?

초 자체가 연료이기에 조금씩 작아지다가 결국 없어집니다. 연료를 다 사용했기 때문이지요. 우리의 감정도 마찬가지입니다. 연료를 태우면 초가 없어지듯이 감정도 느끼면 사라집니다. 감정을 하나의 에너지라고 표현하면 이해하기 좋을 것 같아요.

그래서 에너지를 사용하면, 즉 감정을 느끼면 없어집니다.

어린아이는 울기를 주저하지 않습니다. 울고 싶을 때 실컷 울지요. 제 딸도 어렸을 때 무언가 자기 마음에 안 들면 세상이 끝난 것처럼 펑펑 울었습니다. 실컷 울고 나서는 아무렇지 않은 듯이 다시 웃으면서 배고프니까 밥 달라고 했던 기억이 납니다.

하지만 우리는 나이가 들면서 우는 법을 점점 잊는 것 같습니다. 이는 감정을 느끼는 법을 제대로 배우지 못했기 때문입니다. 즐겨 부르는 크리스마스 캐럴 중에 "울면 안 돼, 울면 안 돼~ 산타 할아버지가 우는 아이에게 선물을 안 주신대~" 이런 가사가 있지요. 즐겁게 부르는 노래지만, 이 노랫말만 봐도 우리가 감정을 얼마나 억압하면서 살아왔는지 알 수 있습니다.

이처럼 우리는 자라면서 슬픔이나 아픔이라는 감정이 찾아오면 피하고, 도망가고, 억압하는 데 익숙해집니다. 이런 문화는 유독 우리나라에서 더 두드러진다고 합니다. 예부터 어른들이 우는 아이에게 어떻게 말하곤 했나요?

"뚝! 이 녀석, 계속 울면 호랑이가 잡아간다!"

이렇게 위협 아닌 위협을 하면서 슬프고 아픈 감정을 제대로 느끼지 못하게 하지요. 안타깝게도 우리는 슬픔과 아픔이라는 감정을 건강하게 표현하는 법을 잘 배우지 못했습니다. 사실 어떤 감정이든 그때그때 충분히 느끼면 해소되는데, 그렇게 하지 못해서 마음 깊이 오래도록 쌓일 때가 많습니다.

제때 해소하지 못한 감정은 어떻게 될까요?

알아서 사라질까요? 마음에 묻히고 마는 걸까요? 아니요, 마음에 쌓인 슬픔과 아픔의 감정은 그대로 남아 우리를 괴롭힙니다. 취미활동을 하거나 다른 사람들과 재밌게 지내는 동안에는 잠깐 잊을 수도 있지만, 홀로 있는 시간이면 슬그머니 감정이 올라오기 시작합니다. 뚜렷한 이유는 모르겠는데 괜히 슬프거나 갑자기 우울해지기도 하지요. 이런 감정 상태를 어찌할 줄 몰라 힘들어하는 사람이 생각보다 정말 많습니다.

억압된 감정의 결과로 나타나는 행위 중 하나가 '자해'라고 합니다. 한 실태조사에 의하면, 한국 청소년과 대학생, 젊은 성인이 1번 이상 자해를 경험한 비율이 무려 20퍼센트 이상으로 추산된다고 해요. 저는 지금 "자해가 필요하다, 좋다"라고 하는 게 결코 아닙니다. 자해의 이유를 자세히 들여다보면, 결국 억압된 감정을 해소하기 위함임을 말하려는 거예요.

마음이 너무 아픈데 그 감정을 어떻게 느껴야 하는지 몰라서 몸을 아프게 하는 겁니다. 몸에 고통을 줌으로써 마음의 아픔을 느끼지 않으려 하거나 마음의 아픔도 같이 해소하기를 바라는 거지요. 심지어 이런 자해가 청소년들 사이에서 유행처럼 번지기도 한다는데, 한 사람의 어른으로서 무거운 책임감을 느낍니다.

사실 '자해'라는 단어가 자기 몸에 가하는 심각한 물리적인 해를 연상시켜서 그렇지, 제 생각에는 성인들도 다른 방법으로 자해하는 것 같습니다. 감정을 제대로 표현하지 못해서 술의 힘을 빌린다든지, 극심한 스트레스로 몸살이나 감기에 걸려 며칠씩 앓아눕는다든지, 불필요한 물건을 왕창 사서 뜯어보지도 않고 구석에 방치한다든지, 토할 때까지 음식을 먹는다든지… 마음의 고통을 없애기 위해 자신에게 해를 입힙니다.

한때 저는 익명 사이트(이름을 밝히지 않고 글을 적는 사이트)에서 마음이 아픈 사람들의 이야기를 듣고, 마음이 어떤지, 얼마나 힘든지, 어떻게 하고 싶은지 등 마음을 묻는 일을 한 적이 있습니다. 그곳에서는 정말 다양한 이야기들이 오갑니다. 수많은 사람이 자기 사연을 가감 없이 털어놓지요. 특히 늦은 밤이나 새벽이면 무르익은 감정이 쏟아져 나옵니다. "죽고 싶어요"부터 시작해서 "저, 자살할까요?", "성폭행당했어요" 등의 고통스러운 글들을 읽을 때면 마음이 너무 아팠지요.

한 여성의 글이 기억에 남습니다. 그녀는 아는 오빠에게 성폭행당하고 임신을 했는데, 어디에도 말하지 못하고 있다고 했습니다. 배는 서서히 불러오는데 부모님이나 친구에게도 털어놓지 못한 채 돈을 모아서 병원에 갔고, 그 앞에서 제게 익명 사이트를 통해 연락을 해왔습니다.

"저, 어떻게 해요? 아기는 어떡하죠?"

절박한 마음이 느껴졌습니다. 그녀도 저도 정말 괴로운 시간이었지요. 지금도 그때의 감정이 생생히 되살아날 만큼 마음이 아팠습니다. 당시 저는 그녀의 마음을 들어주는 것 외에는 할 수 있는 게 없었습니다. 그리고 몇 달 후, 그녀로부터 고맙다는 연락이 왔습니다. 덕분에 나쁜 마음을 먹지 않고 평안을 얻었다고 하면서요.

기억나는 이야기가 하나 더 있습니다. 갑자기 새벽에 익명으로 상담 신청이 왔습니다. 지금 자신이 높은 건물 옥상에 있는데 뛰어내리고 싶다고요. 무슨 일이냐고 물었더니, 길을 가다가 소변이 급해서 그만 길에서 실수를 했다며 너무 부끄러워서 죽고 싶다는 거였지요. 저는 그의 이야기를 한참 듣고 질문도 하면서 그의 마음을 가라앉혔습니다. 그리고 시간이 좀 지나자 그가 말했습니다.

"뭐 다시 볼 사람들도 아니고, 에휴~ 모르겠다. 내일 삼겹살이나 먹어야겠어요."

그렇게 웃으면서 무사히 대화를 마쳤습니다.

위 내용을 공유하며 전하고 싶은 이야기는, 우리가 감정을 건강하게 해소하는 법을 배우지 못했다는 겁니다. 특히 슬픔, 아픔, 우울 같은 감정이 찾아오면 그 순간에 극단적으로 감정을 억압하거나 타인이나 자신에게 폭력을 가하곤 합니다. 하지만 꼭 알아야 하는 사실은, 그 순간에 감정을 제대로 느끼면, 그 감정은 어느새 초가 녹듯이 녹아 없어진다는 거예요.

다음 글을 소리 내어 읽어보세요.

슬프고 화나는 나를 받아들인다.
슬프고 화나는 나를 사랑하고 용납한다.

이렇게 자신을 충분히 위로해 주면 마음은 어느새 스스로 회복합니다.

왜 제가 감정과 마음에 관심을 두게 되었을까요? 이런 내용을 어떻게 알았을까요? 그건 제 인생이 참 슬프고 아팠기 때문입니다. 아파본 사람만이 아픈 사람의 마음을 알 수 있다고 하잖아요. 저는 평생 이런 질문을 품고 살았습니다.

'어떻게 하면 이 슬픔에서 벗어날 수 있을까?'

'이 깊은 아픔을 어떻게 해결할 수 있을까?'

그래서 확신을 가지고 말할 수 있습니다(일종의 경험담이라고 할까요). 슬픔과 아픔을 충분히 느끼고 보내주라고요, 그런 자신을 받아들이라고요.

"사랑하는 것이 사랑받는 것이다."

테레사 수녀가 한 말입니다. 슬픔, 아픔, 우울 같은 감정을 있는 그대로 느끼고 받아들이려면 선행해야 하는 게 있습니다. 바로 '자기 자신을 진정으로 사랑하기'입니다. 그러려면 어떻게 해야 할까요? 방법은 하나입니다. 하나님을 사랑하고, 다른 사람을 돕는 거지요. 갑자기 무슨 말이냐고요?

저도 하나님을 사랑하고 사람들을 돕기 시작하면서 서서히 마음이 회복되었습니다. 원래 누군가를 미워하면 자신이 제일 고통받습니다. 머리와 마음속에 미움이 가득하니까요. 반대로 누군가를 사랑하거나 주변에 약하고 소외된 이를 도움으로써 사랑을 표현하면, 내 안에 사랑이 가득 차오릅니다.

그렇게 다른 사람을 사랑하는 과정을 통해 당신 안에 사랑이 가득 차서 마음이 치유되고 건강해지기를 간절히 바랍니다.

○ 오늘 혹은 최근에 어떤 감정을 느꼈나요? 그 상황과 내 마음이 어땠는지를 아래 내용을 참고하여 적어보세요.

한국인이 많이 느끼는 감정 20가지

기쁨 즐거움과 행복감을 느끼는 감정

슬픔 상실이나 아픔에서 오는 고통스러운 감정

분노 불공정하거나 부당한 상황에 대한 강한 불쾌감

사랑 다른 사람을 아끼고 배려하는 깊은 감정

두려움 위험이나 불확실성에 대한 걱정이나 불안감

설렘 기대하거나 흥분될 때 느끼는 감정

외로움 혼자 있거나 소외될 때 느끼는 고독감

만족 원하는 것이 이루어졌을 때의 기쁨과 충만감

불안 미래의 일이나 결과에 대해 걱정하는 감정

짜증 작은 불편이나 문제에 대해 불쾌한 감정

당황 예상치 못한 상황에서 어찌할 바를 몰라 혼란스러운 감정

놀람 갑작스럽고 예상치 못한 상황에서 느끼는 충격이나 흥분

미안함 다른 사람에게 피해를 주거나 실수했을 때 느끼는 죄책감

부러움 다른 사람이 가진 것을 갖고 싶은 마음

수치심 자기 잘못이나 실수로 인해 느끼는 부끄러움

자부심 자기 능력이나 성취에 대해 자랑스럽게 느끼는 감정

죄책감 도덕적 기준에 어긋나는 행동을 했을 때 느끼는 후회와 자책감

고마움 다른 사람의 도움이나 배려를 감사하게 느끼는 감정

허탈함 기대한 것이 이루어지지 않아 무력감이나 실망을 느끼는 감정

질투 다른 사람이 누리는 행복이나 성공을 시기하는 감정

갑자기 몰려오는 슬픔, 어떻게 이겨내나요?

〈인사이드 아웃 1〉이라는 영화가 있습니다.

대략적인 줄거리를 말하면, 주인공은 '라일리'라는 소녀입니다. 라일리 안에는 다섯 가지 감정 친구가 살고 있지요. '기쁨이', '소심이', '까칠이', '버럭이', '슬픔이'입니다.

처음에 라일리는 기쁨이와 친하게 지내는 것만 좋다고 여깁니다. 그런데 점점 자라면서 슬픔이가 자꾸 삶에 나타납니다. 그때마다 라일리는 슬픔이를 숨겨두거나 눈에 잘 안 띄는 곳에 치워둡니다. 슬픔이를 만나면 이름 그대로 슬퍼지니까요. 그러다가 더 이상 아무 감정도 느끼지 못하게 된 라일리는 결국 슬픔이와 만나 깊은 슬픔을 제대로 느낌으로써 다시 다양한 감정 친구들을 만나게 됩니다. 기쁨이도 다시 만나고, 그밖에 다양한 감정을 느끼며 살게 되지요.

건강한 삶이란 무엇일까요? 소위 '긍정적 감정'으로 여기는 기쁨, 즐거움, 짜릿함만 느끼는 상태일까요? 아니요. 화남, 슬픔, 두려움도 잘 느끼는 게 정서적으로 건강한 상태입니다.

우리가 늘 기쁨만 느낀다면 어떨까요? 너무 좋을 것 같다고요? 네, 물론 슬프지 않아서 당장은 좋겠지만, 마치 로봇처럼 살 것 같지 않나요? 아끼던 물건을 잃어버려도 슬프지 않고, 친구나 가족이 아파도 즐겁다면 좀 무섭지 않나요?

영화나 음악 감상이 취미인 사람이 많습니다. 사람이 영화나 음악을 좋아하고 또 거기서 감동을 받는 이유가 뭘까요? 그 안에 삶의 다양한 감정, 즉 희로애락이 담겨 있어서일 것입니다.

심리 치료 방법 중에 '수용전념 치료'가 있습니다. 수용전념 치료의 전제이자 핵심은 '회피하지 말고, 수용하며, 기꺼이 경험하라'입니다. 도대체 뭘 피하지 말고 경험하라는 걸까요?

대표적인 다섯 가지를 알아볼게요.

첫째, '고통을 느끼는 사실' 인정하기

내 안에 고통이 생겼다는 사실을 있는 그대로 인정하고 수용하는 것입니다. '친구가 나를 무시해서 속상하다', '여자 친구 혹은 남자 친구와 헤어져서 슬프다', '누군가 내게 스트레스를 줘서 괴롭다' 이런 사실을 인정하고 받아들이는 거예요.

둘째, '고통에 수반되는 감정' 포용하기

포용은 '너그럽게 감싸주고 받아들이다'라는 뜻입니다. 즉 고통으로 인해 느끼는 감정을 너그럽게 받아들이라는 거지요. 슬픔과 분노, 두려움과 불안 등의 감정을 억제하거나 게임, 술, 음식 등 다른 것으로 관심을 돌려서 고통을 애써 무시하고 회피하지 말라는 겁니다.

셋째, '생각, 감정, 기억, 뜻밖이라고 여겨지는 것'도 수용하기

가끔 '내가 왜 이러지?' 싶을 정도로 과격한 생각이 떠오르거나 격한 감정을 느낄 때도 있고, 불현듯 과거의 괴로운 기억이 머릿속에서 재현될 때가 있습니다. 그럴 때 당황하지 말고, 그런 생각이나 감정, 기억을 적어보거나 신뢰할 만한 사람에게 이야기하는 것도 좋은 방법입니다. 이처럼 억압이 아닌 수용의 방법을 통해 내 마음을 이해하고 얽힌 감정이 풀리면 마음의 짐이 가벼워집니다. 또한 내가 진짜 원하는 것이 무엇인지 알게 되어 문제를 해결할 힘이 생기지요.

넷째, '이 과정이 버겁고 힘들 것' 예상하기

내 마음의 감정을 느낀다는 게 말로는 쉬울 것 같지만, 특히 오랫동안 감춰놨거나 쌓여있던 감정을 느끼고 마주하는 건 생각보다 힘듭니다. 그럼에도 이 감정이 내 안에 있음을 받아들이고, 느끼고, 그 감정의 이야기를 들어야 합니다. 그래야 내면과 화해가 시작되기 때문입니다.

다섯째, '난 이걸로 끝이야, 다 내 잘못이야, 난 노력해도 안 돼' 같은 쓸데없는 생각 경계하기

감정을 있는 그대로 느끼면 되는데, 자꾸 부정적인 생각을 함으로써 다른 부정적인 감정 만들기를 반복하다 보면 마음이 더 상하고 맙니다.

저는 특정한 감정이 찾아오면 소리 내어 말합니다.

"슬픔을 느끼는 나를 사랑하고 받아들인다, 화나는 것을 느끼는 나를 사랑하고 용납한다."

슬퍼한다는 것은 '내 마음의 이야기를 듣는 것'이라고 바꿔 말할 수 있습니다. 슬픔을 느끼는 이유는 그 일에 내가 가치를 두고, 그것이 중요하다고 생각하기 때문입니다. 그래서 슬픔이라는 감정에 한 발짝 더 가까이 다가가서 내 마음과 대화를 나

누는 것만이 슬픔을 건강하게 느끼고 소화하는 유일한 방법이지요.

많은 사람이 이렇게 말합니다.

"나는 다른 사람에 비해 가진 능력이 없어요."

"우리 집은 다른 집보다 돈이 없어요."

"나는 예쁜 구석이 없어요."

이런 말의 공통점이 보이나요? 무언가가 '부족하다'라고 고백하고, 그것 때문에 자신을 미워하고 싫어한다는 거예요. 그래서 계속 슬픈 거지요. '나는 형편없고 보잘것없다'라고 생각하니까 슬픔이 반복적으로 몰려올 수밖에 없습니다.

몇 년 전에 만난 한 친구는 자기가 행복할 자격이 없다고 생각했습니다. 자신을 소중히 여기지도 않고 다른 사람들이 함부로 대해도 가만히 있었지요. 그러니 마음이 얼마나 슬프고 아팠을까요! 슬픔이라는 감정이 마음속에 가득한데, 스스로 사랑받을 자격이 없다고 생각하니 슬픔이 더 커졌을 거예요.

저는 그와 오랜 시간 대화했습니다. 그리고 왜 자신을 스스로 '가치 없는 사람'으로 여기는지 물었어요. 그가 말한 이유는 복합적이었습니다. 자라오며 부모의 말 때문에 받은 상처도 컸고, 살면서 크고 작은 실수를 한 것에 대한 죄책감도 마음에 아주 크게 자리 잡고 있었지요. 제가 그에게 말해주었습니다.

"너는 어떤 경우에도 사랑받을 자격이 있어. 자신을 그렇게 괴롭히지 마."

정말 진심으로, 제 마음이 전달되기를 바라면서 몇 번이고 말해주었습니다. 오랜 시간이 걸리긴 했지만, 그는 저와 꾸준히 만나고 대화하면서 자신을 받아들이기 시작했고, 자신을 괴롭히는 일을 그만둘 수 있었습니다. 자아상과 자신의 존재 가치를 재정립하는 게 쉽지는 않았지만, 일단 자신을 무가치하다고 여겼던 생각에서 벗어나기 시작하니 다른 이들이 자신을 함부로 여기지 못하게 선을 그을 줄도 알게 되었지요. 그는 이제 용기를 내어 감정을 표현할 줄 아는 사람이 되었습니다. 자기를 사랑하게 되었고, 그를 진심으로 사랑해 주는 사람을 만나 결혼도 했지요.

다른 사람이 나를 사랑해 주고, 세상이 나를 꽤 괜찮은 사람으로 인정해 주어도 내가 나를 미워하면 그 사랑을 받을 수가 없습니다. 계속 의심하게 되지요.

왜일까요? 나와 가장 오래 함께하는 게 바로 나 자신이기 때문입니다. 나 자신 그리고 내 마음속 감정과 진지한 대화를 시작하길 바랍니다.

"저는 아동 관련 사건 사고를 들으면 속이 뒤집어져요."

배우 신애라 씨가 한 말이에요. 그녀는 사람마다 긍휼의 방향이 다른데, 자기는 '아이'라고 하면서 자신의 달란트는 '아이를 사랑하는 마음'이라고 말합니다.

이처럼 어떤 대상이나 장면을 볼 때, 명확한 이유는 모르겠지만 왠지 안타깝고, 반복해서 슬퍼지고, 마음이 가는 영역이 있다면 한번 잘 살펴보세요. 바로 그것이 당신이 소중히 여기는 가치이기에 그런 감정이 드는 걸 수 있습니다. 어쩌면 당신의 소명이 그곳에 있을지 모릅니다.

지인 중에 장애인을 돕는 동아리에서 봉사하다가 나중에는 장애인 센터를 만들어 사역하는 분이 있습니다. 또 입시 중심의 교육환경에 늘 불만을 품고 안타까워하던 한 아이를 코칭한 적이 있는데, 그는 얼마 전 대학에 입학해서 시와 음악으로 사회를 비판하는 목소리를 내는 일을 시작했다고 전해왔습니다.

제가 '라이프코치'라는 직업을 만난 것도 '슬픔'이라는 감정에서 시작되었습니다. 어린 시절, 교사였던 부모님은 제게 모범답안 같은 이야기는 많이 해주었지만, 정작 제 이야기에 경청하거나 제 마음을 위로해 주지는 않았습니다. 저는 부모님의 사랑과 공감의 언어를 간절히 원했지만, 그것이 채워지지 않아 늘 마음이 아프고 슬펐지요.

이후 성장하면서 제 마음을 살피고 감정들의 이야기를 들으며 치유되다 보니, 어느새 다른 사람의 마음 이야기에도 경청하고, 질문하고, 공감하는 전문가가 되었습니다.

슬픔, 분노, 안타까움, 두려움, 불안 등이 마음에 찾아올 때 '내가 진정 소중히 여기는 가치'가 무엇인지 찾아보는 통로로 삼으면 좋겠습니다. 가치는 모든 사람에게 동일하게 부여되는 게 아닙니다. 평소 부모님이 나와 비교하거나 내가 질투하고 부러워했던 그 친구에게는 없는, 나만의 가치가 있습니다. 그 특별한 가치를 깨닫고, 그것이 가리키는 '비전'을 향해 나아가길 바랍니다. 슬픔과 아픔을 따라가다 보면, 그것이 당신에게 에너지가 될 거예요.

감정은 영어로 'emotion'입니다. 이 단어는 라틴어 파생어로 'energy in motion'이라는 뜻이 담겨 있습니다. 직역하면 '움직임 속의 에너지'이지요. 에너지는 써야 없어집니다.

아픔의 에너지를 써보세요. 그 에너지로 무언가를 만들어보세요. 글을 써보고, 음악을 작곡해 보고, 누군가를 가르쳐보고, 걸어보고 뛰어보며 뭔가를 추구해 보세요. 아픔의 에너지를 소명의 에너지로 바꿔보세요. 아주 강력한 힘이 생길 겁니다.

우리는 모두 근본적인 갈망이 있습니다. 완벽하고 무조건적인 사랑을 추구하지요. 누군가가 무조건, 완전하게, 나를 사랑해 줬으면 합니다. 그런데 아무리 좋은 부모도, 아무리 사이 좋은 연인도, 아무리 친한 친구도 내게 완벽한 사랑을 줄 수는 없습니다. 이것이 인간의 한계입니다.

그래서 우리는 근본적으로 슬프고 외롭습니다. 그러면 어떻게 해야 할까요? 그 갈망으로 하나님을 추구해 보세요. 단 한 분, 우리와 함께하시며 조건 없는 사랑을 주길 원하시는 그분을 갈망하세요. 그러면 그분의 사랑을 반드시 경험할 것입니다.

1. 지금 나의 솔직한 마음을 하나님께 기도하듯 적어보세요.

2. 내가 느끼는 슬픔을 통해 마음속 바람(욕구)을 찾아보세요.

   ex. 상실로 인한 슬픔 : 안전함, 관계의 지속, 사랑을 주고받고 싶은 욕구
   후회로 인한 슬픔 : 더 나은 선택, 실수를 바로잡고자 하는 욕구
   실패로 인한 슬픔 : 잘하고 싶고, 성장하고 싶고, 인정받고 싶은 욕구

3. 나는 어떤 이들의 어떤 상황을 보면 마음이 아픈가요? 그들이 어떻게 되길 바라나요?

   ex. 고아, 노숙자, 정신적 고통을 겪는 사람, 비행청소년, 이혼가정 자녀, 장애아동, 환우, 독거노인 등

사는 게 너무 지쳐요,
다 그만두고 싶어요

당신은 몸이 힘들면 어떻게 하나요?

저는 곧장 집으로 가서 건강식도 챙겨 먹고, 영양제도 섭취하고, 평소보다 잠도 더 자려고 합니다. 그런데 힘을 내려면, 가장 먼저 알아야 할 게 있습니다. 바로 '내가 지금 힘든 상태'라는 걸 받아들이는 거예요. 그러고 나면 '무리하면 큰일 나겠다! 틈틈이 잘 쉬어주고, 건강한 음식으로 챙겨 먹고, 영양제도 빼먹지 말아야지' 하는 생각이 자연스럽게 듭니다.

마음도 마찬가지예요. 살다 보면, 유독 힘이 없을 때가 있습니다. 그럴 때 힘이 없다고 말하면 주변에서 뭐라고 하나요? AI 응답기처럼 하나같이 "힘내!"라고 합니다. 가뜩이나 힘이 없는데 힘을 내라니요. 힘이 더 빠집니다. 마음도 몸과 똑같습니다. 쉬지 않고 마음을 사용하면 마음도 힘이 듭니다.

심리학자 아이젠베르그와 리버만이 실험을 통해 참가자들의 뇌 활동을 관찰했다고 합니다. 결론만 말하면, 우리 뇌에서 통증을 느끼는 부분이 활성화될 때, 뇌는 그 통증이 마음의 스트레스 때문인지, 몸의 스트레스 때문인지를 구별하지 못한다고 해요. 그래서 만약 시험을 망쳤거나 가까운 사람과 싸워서 심한 스트레스를 받을 때 타이레놀 같은 진통제를 먹으면 통증이 완화되어 스트레스가 줄어든다고 합니다(전문가들은 안전성의 이유로 마음의 고통을 치료하기 위해 진통제 복용을 권하진 않습니다).

이처럼 마음도 몸처럼 다루면 됩니다. 힘을 내려면 잘 쉬고, 잘 먹고, 잘 자야 하지요. 하지만 문제는 그렇게 하지 못한다는 데 있습니다. 우리는 몸이 아프면 하던 일을 멈추고 병원에 가거나 심한 경우 입원하기도 합니다. 그래야 잘 낫지요. 아픈데 괜히 버티며 뭘 하려고 하면 오히려 회복을 지연시킬 뿐입니다.

그런데 마음이 아프면 어떻게 하나요?

보통은 그런 자신을 한심하게 여깁니다. 나약하고 무능력하다고 생각합니다. '정신력도 실력이야. 그따위 멘탈로 뭘 할 수 있겠냐'라며 자신을 다그치기도 하지요. 또는 '나만 이렇게 멘탈이 약해서 세상에 부적응하는구나' 하고 자책합니다. 그 결과는 어떨까요? 아픈 마음을 더 아프게 만들어버립니다. 그러면 회복하기 더 어려워지지요.

마음이 힘들다는 건 '마음이 아프다'라는 겁니다. 이럴 땐 어떻게 해야 할까요? 아픈 나를, 너무 마음을 많이 써서 힘이 없는 나를 사랑해 주어야 합니다.

그래서 저는 마음이 힘든 친구를 만나면 아무 말 안 하고 맛있는 음식을 먹으러 갑니다. 그리고 푸짐하게 먹습니다. 양껏 먹고 나면 같이 놉니다. 게임도 합니다.

세계적인 미래학자이자 가상 현실 게임 개발자인 제인 맥고니걸 박사의 연구에 의하면, 게임이 부정적 감정을 극복하는 데 탁월한 도움을 준다고 합니다. 실제로 테트리스를 10분만 해도 스트레스 장애 증상이 완화되지요. 많은 사람이 게임 중독에 쉽게 빠지는 게 이런 이유가 아닐까 합니다. 학업과 직장, 대인관계의 스트레스를 떨쳐내려고 게임을 하다 보니, 그 양과 시간이 점점 늘어 중독에 빠지는 거지요. 그 상관관계를 밝힌 연구도 이미 있습니다(물론 스트레스 해소를 위해 게임을 적절하게 활용하는 것과 게임중독은 또 다른 차원에서 다룰 문제이긴 합니다).

스트레스 해소를 위해 충분한 휴식을 취하라고 하면 혹자는 이렇게 말합니다.

"전 충분히 쉬었는데도 힘이 안 납니다. 제 상황은 바뀐 게 없고, 여전히 절망적이니까요."

가정, 학교, 직장, 교회 등 여러 상황에서 말 한마디 못 할 절망적인 상황에 있는 사람들의 이야기를 들으면 마음이 아파서 할 말이 없습니다. 그렇지만 아무리 절망스럽고, 도저히 피할 수 없는 운명과 마주쳤을 때도 반드시 돌파구가 있으며, 삶의 의미를 찾을 수 있다는 사실을 잊지 않았으면 좋겠습니다.

정신의학자이자 심리학자 빅터 프랭클은 유대인으로 부모, 형제, 아내를 모두 나치 강제 수용소에서 잃었습니다. 자신도 아우슈비츠 강제 수용소에 끌려가서 수감생활을 했지요. 그가 소중한 사람을 대부분 잃고, 주변 사람들도 죽어가고, 자신도 살아서 나갈 희망이 없을 때, 어떻게 삶의 의미를 찾았는지를 쓴 책이 《죽음의 수용소에서》(Man's Search for Meaning)입니다. 제가 뽑은 이 책의 핵심 문장은 이것입니다.

왜 살아야 하는지 아는 사람은
그 어떤 상황도 견딜 수 있다.

우리는 삶의 의미를 세 가지 방식으로 찾을 수 있습니다.

첫째, 어떤 일을 하거나 무언가를 시도함으로써

사람은 새로운 무언가를 시도하거나 어떤 일을 하는 과정에서 삶의 의미를 발견합니다. 오래전에 만난 한 학생은 삶이 온통 절망뿐이라며 죽고 싶어 했습니다. 제가 그에게 물었습니다.

"많이 힘들지? 내가 너여도 죽고 싶을 것 같아. 그런데 궁금한 게 있어. 넌 뭘 할 때 재미있니? 어떤 걸 할 때 가슴이 뛰어? 넌 뭘 잘한다고 생각해?"

이후 그 학생은 저와 여러 차례 대화를 나누며 음악에서 삶의 의미를 찾았고, 실용음악을 전공하여 자신의 마음을 음악에 담아내기 시작했지요.

지금 당신의 세상이 절망뿐인가요? 작게라도 재미를 느끼고 관심이 가는 일을 찾아보세요. 그리고 그와 관련한 아주 작은 행동을 해보세요. '삶의 의미'라는 불꽃을 발견하게 될 것입니다.

둘째, 어떤 일을 경험하거나 누군가를 만남으로써

사람은 진리를 발견하거나 아름다움을 느끼거나 멋진 자연과 문화를 체험하거나, 무엇보다 누군가를 유일한 존재로 체험하는 것, 곧 누군가를 사랑함으로써 삶의 의미를 찾을 수 있습니다. 꽤 해볼 만하지 않나요? 바라기는, 먼저 하나님을 만나고 경험해 보세요.

'하나님은 어떤 분이실까? 그분이 나를 사랑하신다는데 정말일까?'

이렇게 고민도 해보고, 그분의 말씀인 성경도 읽어보세요. 그렇다고 갑자기 신비한 기운이 느껴지거나 허공에서 근엄한 목소리가 들려오는 건 아닙니다. 그래야만 하나님을 만나는 것도 아니고요. 하나님과 함께하는 일은 그저 길을 걸을 때 살살 부는 바람을 느끼는 것처럼 아주 평범하고 자연스러운 일입니다. 살아계신 하나님을 만나길 소망하고 노력해 보세요. 그리고 경험하세요.

더불어 하나님이 만드신 대자연을 느껴보세요. 가능하다면 여행을 떠나 새로운 문화를 접하는 것도 좋아요. 신기한 취미를 가진 사람을 만나보거나 SNS를 통해 관심 있는 멘토에게 메시지로 조언을 구해보고, 봉사 활동을 하거나 힘들고 어려운 이들을 돕는 것도 좋습니다.

예수님이 어디에 계신다고 하셨나요? 크고 대단한 사람들이 모인 곳에? 아닙니다. 그분은 "지극히 작은 자 하나에게 한 것이 곧 내게 한 것이니라"(마 25:40)라고 말씀하셨습니다. 작은 자, 낮은 자, 소외되고 아픈 이들에게 다가가 그곳에 계신 예수님을 만나기를 바랍니다.

셋째, 고통과 시련에서 의미를 발견함으로써

당신을 둘러싸고 있는 상황이 변하지 않는다면, 그 상황을 받아들이고 거기서 의미를 발견하며 살아가야 합니다.

저를 아는 사람은 대부분 저를 '밝은 사람'으로 생각합니다. 하지만 아이러니하게도, 저는 늘 슬펐습니다. 아프고 힘들었습니다. 제 심장 한구석에는 슬픔이 가득했지요. 한번은 12시간 동안 바닥을 데굴데굴 구르면서 아파할 정도로 제 삶은 아픔 그 자체였습니다.

왜 그랬을까요? 그 원인은 '가정'에 있었습니다. 제겐 행복한 부모님도, 형제자매의 모습도 없었어요. 부모님은 두 분 다 최고의 학벌에 사회적으로는 명망 높은 선생님이었지만, 집 안에선 심하게 다투었습니다. 어머니는 저를 낳고 교수라는 직업을 포기했기에 저에게 자주 "너를 낳고 키우느라 난 내 삶을 포기했어. 그 당시 정말 슬펐단다. 네가 아니었으면 사회적으로 더 성공할 수 있었을 텐데…"라고 한탄하기도 했지요.

굉장히 섬세한 아이였던 저는 부모님의 이런 말과 다툼이 지속되는 환경에서 자라면서, 내면에 '내 존재가 부모를 불행하게 했다'라는 자책감과 깊은 슬픔이 독을 품은 풀처럼 자라났습니다. 그래서 단 한 가지 소원은, 행복한 가정에서 부모님과 웃으며 지내는 거였지요. '나 때문에 불행해진 우리 가정이 어

떻게 하면 웃음을 되찾을 수 있을까' 고민하며 어떻게든 해결해
보려 노력했습니다.

그런데 결국 아버지가 오랜 암 투병을 하다가 생을 마쳤지
요. 전 더 슬펐습니다. 더 이상 행복한 가정을 이룰 수 없게 되
었으니까요. 그러면서 생각했습니다.

'난 왜 이런 슬픔을 가지고 태어난 걸까? 왜 마음이 아픈 가
정에서 자라게 됐을까?'

수많은 밤을 아파하다가 결론에 도달했습니다.

'내가 이룰 가정은 행복한 가정으로 만들자. 그리고 나의 슬
픔과 아픔은 저주가 아니라 나와 같은 이들을 도우라고 하나
님이 주신 에너지다. 그러니 나를 한심하거나 보잘것없게 여기
지 말고, 나처럼 마음이 아프고 가정에서 상처받은 이들을 돌
보는 데 이 슬픔과 아픔을 사용하자.'

그렇게 제 삶의 의미를 발견했습니다.

돌아보면, 부모님은 저를 너무나 사랑하셨습니다. 두 분 다
저를 위해 삶을 바쳐 희생하고 헌신하셨지요. 다만 그 사랑의
표현이 제게 사랑으로 전해지지 않았을 뿐입니다. 물론 여전히
그 시간을 떠올리면 마음 한쪽이 저릿하지만, 이제는 부모님이
원망스럽지 않습니다. 오히려 고맙습니다. 그 고통의 시간을

통과하며 하나님의 사랑을 알게 되었고, 제 삶을 있는 그대로 받아들이며 살아갈 의미를 찾았기 때문입니다.

이전에는 혼자 슬퍼했다면, 이제는 제 슬픔을 나누고 노래합니다. 제 노래를 들은 이들이 공감하고 위로받길 바라면서요.

당신은 어떠세요? 어떤 절망과 아픔이 있나요?

마음이 힘들면 잘 쉬고, 잘 먹어야 합니다. 그리고 나서 삶에 닥친 시련과 고통의 의미를 찾아보길 바랍니다.

코칭 가이드

① 요즘 나의 몸과 마음 상태가 어떤가요?

② 몸과 마음을 회복하기 위해 어떤 노력을 하면 좋을까요?

③ 최근 고난과 시련으로 여겨지는 일이 있나요? 그로 인해 어떤 감정을 느끼나요? 그 일에서 의미를 찾아보면 어떨까요?

마음속 깊은 상처,
어떻게 치유하나요?

내 안의 상처와 아픔을 어떻게 해야 할까요?

마음의 상처로 힘들어하는 사람이 참 많습니다. 그들은 긍정적으로 생각해 보고, 열심히 살아보려 노력합니다. 바쁘고 무언가에 집중할 때는 그래도 괜찮은데, 여유가 생기거나 즐겁게 지내는 중에 돌연 과거의 아픈 기억과 감정이 올라옵니다. 이럴 때 그 잊고 싶은 기억과 상처를 어떻게 다뤄야 하는지 고민하는 사람을 종종 만납니다.

저 역시 마음의 상처를 어떻게 해결해야 할지 몰랐습니다. 당시에는 그저 힘들고 고통스러웠지요. 마음속 깊은 상처와 아픔이 있는 내가 싫고, 이런 나를 받아들이기 힘들었어요. 행복한 가정에서 자라 밝게 웃는 친구들을 보면, 마냥 부러웠고요. 그렇게 저는 평생 마음의 상처와 아픔을 다루는 법을 연구했고, 저와 같은 사람들을 돕게 되었어요.

"하나님은 선물을 '고통'이라는 포장지에 싸서 주신다."

이 말은, 우리가 삶에서 얻는 중요한 교훈과 깨달음은 고통을 통과한 후에 비로소 얻게 된다는 의미입니다. 삶의 여정에서 만나는 고통은 대부분 우리가 원하지 않거나 받아들이기 힘든 것들입니다. 그러나 이런 고통이 성장과 변화를 가져온다는 점은 부정할 수 없습니다. 물리적이거나 감정적인 고통은 우리의 한계를 시험하며, 그 한계를 넘어서도록 우리가 성장하고 변화하게끔 돕기 때문입니다.

우리는 흔히 원하는 목표에 도달하기 위해 노력하는 과정에서 필연적으로 고통과 맞닥뜨립니다. 이는 마치 운동을 통해 몸을 단련하는 과정과 비슷해요. 근육이 반복적인 자극과 고통을 통해 성장하듯, 마음도 고통을 겪으며 더 깊은 이해와 성숙으로 나아갑니다.

많은 사람이 과거의 상처와 아픔을 지닌 채 살아갑니다. 이 상처와 아픔은 종종 무의식 속에 묻혀 있지만, 여전히 현재의 삶에 지대한 영향을 미치지요. 과거의 아픈 기억과 마주하는 건 엄청나게 고통스럽습니다. 그래서 우리는 본능적으로 이를 피하려고 합니다. 누구나 고통을 싫어하니까요. 하지만 과거의 상처와 직면하지 않고는 진정한 치유와 해방을 얻을 수 없습니다.

심리학에서는 고통스러운 기억을 억압하는 것이 단기적으로는 마음을 보호하는 데 도움이 될 수 있지만, 장기적으로는 더 깊은 고통을 가져올 수 있다고 설명합니다. 트라우마를 억제하거나 피하는 게 아니라 마주하고 '재해석'하는 과정이 중요하다고요. 즉 과거의 고통을 있는 그대로 받아들이고, 그것에 새로운 의미를 부여함으로써 긍정적 방식으로 전환하는 거지요.

빛은 밝음을 상상하는 게 아니라
어둠을 의식하는 데서 비롯된다.
- 칼 융

이 말은 우리가 자신의 어둠, 즉 고통을 무시하거나 억누르는 게 아니라 인정하고 받아들일 때 비로소 진정한 내면의 빛을 발견할 수 있음을 의미합니다. 이 과정이 치유의 핵심이지요.

심리학자 빅터 프랭클은 인간이 삶에서 경험하는 고통 속에서 그 의미를 찾을 수 있다면, 그 고통을 이겨낼 수 있다고 말했습니다. 우리가 고통 자체를 통제할 수는 없을지라도, 그 고통에 어떤 의미를 부여할지는 우리의 선택에 달려 있다고요.

다시 말해, 고통을 그저 상처로 남겨두기보다는, 그것이 우리를 더 강하게 만들고, 우리에게 더 깊은 통찰을 가져다주는 여정의 일부로 해석하는 것이 필요하다는 겁니다. 어쩌면 이것은 우리의 책임입니다. 과거의 상처와 고통을 재해석하는 순간, 그것이 우리를 더 이상 속박할 수 없으며, 오히려 성장하도록 이끌지요.

예를 들어볼게요. 모든 사람에게 마음을 열고 모두에게 솔직한 사람이 있었습니다. 그는 모두가 자신을 이해하고 받아줄 거로 생각했습니다. 그런데 현실은 그렇지 못했습니다. 몇몇 사람은 그의 이야기를 소문내거나 뒤에서 비웃기도 했습니다. 그는 그 사실을 알고 큰 상처를 받았지요.

'어떻게 내 얘기를 저렇게 함부로 말하고 다닐 수 있을까?'

그는 한동안 친구를 사귈 수 없었습니다. 친구 사귀는 일이 두려웠지요. 그러던 중에 저와 만나서 이야기를 나누며 충분히 아파하는 시간을 가졌습니다. 제가 그에게 물었습니다.

"비록 힘들었지만, 이 일을 통해 알게 된 사실이나 얻은 교훈이 있나요?"

그가 말했습니다.

"모든 사람을 믿을 수 있는 건 아니라는 것과 마음은 조심스럽게 열어야 한다는 것이요."

제가 다시 물었습니다.

"이런 교훈을 지금이 아니고 몇십 년 후에 배운다면 어떨까요?"

"그건 너무 끔찍해요. 지금 배운 게 다행이라고 생각해요."

이후 그는 자신에게 맞는 친구를 찾았고, 진심으로 그를 소중히 여기는 친구를 만나게 되었습니다.

앞서 말했듯이 하나님께서 우리에게 주시는 선물, 즉 삶의 중요한 교훈들은 '고통'이라는 포장지에 싸여서 옵니다. 그러니 그 포장지를 풀어보고 그 안에 담긴 의미를 발견할 용기를 가져야 하지요. 우리는 고통을 통해 한층 더 성장한 자신을 발견하고, 더 나은 세상을 만들어갈 힘을 얻을 것입니다.

① 해결되지 않은 상처나 아픔이 있다면 적어보세요. 적기 힘들
    다면, 이 시간 하나님께 솔직하게 말씀드려 보세요.

② 그 상처와 아픔을 통해 배운 것이 있나요? 이 상처를 왜 허
    락하셨는지 하나님께 잠잠히 여쭤보세요.

③ 오늘 나의 상처를 마주하고 재해석하기 위해 할 수 있는 작
    은 행동은 무엇이 있을까요?

늘 불안해요,
어떻게 평안해질 수 있을까요?

제가 청년 때의 이야기입니다.

저는 교회 청년부를 열심히 섬겼는데요, 당시 임원이었던 한 청년이 주일에 교회 일을 마치고 집에 갈 즈음이면 늘 불안한 표정으로 말했습니다.

"나, 너무 불안해서 지하철을 못 타겠어요. 무섭고 떨려서 집에 못 가겠는데… 어떡하지요?"

그 청년의 집은 교회에서 지하철로 2시간 정도 떨어진 곳이었습니다. 그런데 집에 못 가겠다고 하니 다른 청년들은 난처해하며 이렇게 말하곤 했습니다.

"그냥 정신을 바짝 차려", "너 또 왜 그러냐?", "괜찮다, 괜찮다~ 생각해."

솔직히 저도 매주 갑자기 불안해하는 그가 좀 의아하긴 했습니다. 지금 생각하면, 현대인들이 많이 겪는 공황장애(갑작스럽고 강렬한 공황 발작이 반복적으로 발생하는 불안 장애의 일종)였는데, 당시에는 사회적으로 잘 알려지지 않은 질병이었습니다.

저는 그 청년이 안타까워서 함께 지하철을 타고 그의 집으로 가주곤 했습니다(저는 집이 교회 근처였지만요). 그는 지하철에 타면 갑자기 안색이 어두워지고 숨을 가쁘게 쉬었습니다. 가슴이 답답하고 심장이 두근거린다고 했지요.

이런 순간에 당사자는 자기 몸이 통제되지 않는다는 불안감과 타인에게 피해를 준다는 자책감을 느낍니다. 그래서 불안감이 극대화되고 증상이 더 심각해지지요. 그럴 때 친한 사람이 곁에 있어주면 조금은 안심합니다.

저도 그의 곁에서 기도하며 "괜찮아질 거야"라고 말해주곤 했습니다. 어떤 날은 지하철에서 재밌는 이야기를 들려주며 다른 생각을 하게끔 도왔지요. 그렇게 1년 정도 지났을까요. 그의 불안 증상은 놀랍도록 나아졌고, 지금은 가정을 꾸려 건강하게 잘 지내고 있습니다.

그와 오랜만에 통화했는데 이렇게 이야기하더라고요.

"하나님을 믿는다면서 불안해하는 나 자신이 싫었어요. 하지만 그럴수록 더 불안하고 자책하게 되었던 것 같아요. 지금도 그 증상이 조금은 남아 있지만, 이제는 공황을 인정하고 받아들이며 함께 잘 지내보기로 했습니다."

'불안이'를 아시나요?

영화 〈인사이드 아웃 2〉에서 새롭게 등장한 캐릭터 중 중요한 역할을 하는 게 바로 '불안이'입니다. 불안이는 단순히 주인공을 괴롭히는 존재가 아닙니다. 주인공이 잘되기를 진심으로 바라며 열심히 노력하지요. 겉으로는 불안을 느끼게 하고 긴장하게 만드는 것처럼 보이지만, 사실 불안이는 그 누구보다 주인공을 위하는 감정입니다. 어떤 역할을 하는지 볼까요?

불안이는 주인공이 위험한 상황에 부닥치지 않도록 미리 경고하고, 더 나은 선택을 할 수 있도록 끊임없이 고민하게 만듭니다. 주인공이 실수하지 않도록 머릿속에서 온갖 시뮬레이션을 돌리고, 어떻게 하면 더 안전하고 성공적인 길을 갈 수 있을지 밤낮으로 고민하지요. 마치 다가오는 시험이나 중요한 발표를 앞두고 불안을 느낄 때 더 철저히 준비하여 실수를 줄이는 것처럼, 불안이는 주인공이 성장할 수 있도록 언제나 곁에서 노력합니다.

그런데 불안이의 노력과 정성이 너무 과한 나머지, 주인공은 부담을 느끼고 힘들어하지요. 불안이의 경고가 지나쳐서 주인공이 자신감을 잃고 두려움에 사로잡힙니다. 불안이의 조언이 과해져 주인공이 발을 떼지 못하게 되지요. 하지만 불안이의 진심은 변함이 없습니다. 주인공이 더 좋은 선택을 하고 더 안전한 길로 가길 바랄 뿐이지요.

불안이는 주인공에게 꼭 필요한 존재입니다. 적절히 관리하고 다스린다면, 주인공의 인생에서 소중한 조력자가 될 수 있습니다.

"불안해서 잠을 못 자요, 불안을 잊으려고 유튜브를 계속 봐요."

불안으로 어려움을 겪는 이들이 종종 하는 말입니다. 이들에게 "불안해하지 마"라는 단순한 권면으로는 문제가 해결되지 않습니다. 불안은 습관이며, 자신을 걱정하는 하나의 방식이기 때문입니다.

제게도 불안 증세가 있었습니다. 오래전에 강의 시간에 1번 늦은 적이 있습니다. 일찍 출발했지만, 가는 길에 앞에서 사고가 나서 정체되는 바람에 30분이나 늦었지요. 차 안에서의 30분은 너무나 고통스러웠고, 강의에 늦었다는 사실이 끔찍하게 싫었어요. 그 일 이후, 저는 한동안 강의하러 갈 때마다 몹시 불안했습니다.

'또 늦으면 절대 안 돼. 수강자들에게 피해를 주면 안 돼. 만일 또 늦는다면 나 자신이 용서가 안 될 거야.'

이런 음성이 귓전을 계속 울렸어요. 그때부터 강의 장소에 최소 1시간 먼저 도착하는 습관이 생겼지요. 미리 도착하는 버릇이 많은 변수로부터 저를 보호해 주었고, 지금껏 강의를 무탈하게 잘하도록 도와주었습니다.

그런데 문제는 이 불안감이 불필요한 때도 올라오는 거였어요. 친구들과의 모임도 늦을까 봐 불안해하는 저를 발견했지요. 늦는 것 자체가 너무 싫고 불안한 나머지 친교 모임에도 일찍 가곤 했습니다. 오히려 친구들은 '코리안 타임'을 적용해 늦곤 해서 저만 시간 낭비인 경우가 많았지요. 이후 저는 중요한 모임 외에는 어느 정도 마음을 편하게 먹기로 했어요. 조금 늦을 수도 있고, 각자의 사정으로 인한 지각은 다들 이해해 줄뿐더러 천재지변까지 제가 통제할 수는 없으니까요.

불안은 누구에게나 일어날 수 있는 감정이에요. 성적, 친구 관계, 가정 문제 등 다양한 요소가 원인이 될 수 있습니다.

사람은 불안하면 마음과 몸에 여러 증상이 나타납니다. 지속적인 걱정과 두려움, 집중력 저하, 수면 장애, 신체적 긴장감과 피로감, 사회적 회피(친구나 가족의 연락을 피하거나 교회 모임과 같은 새로운 관계를 두려워함) 등으로요. 이런 증상이 나타나면, 먼저 불안을 '이해'하는 게 중요합니다. 다만 증상이 지속되거나 과도할 경우에는 주저하지 말고 전문가의 도움을 받는 게 좋아요.

불안을 다루는 다섯 가지 방법을 소개할게요.

1. 감정 일기 쓰기

자신의 감정을 솔직하게 기록하는 것은 불안을 해소하는 데 큰 도움이 됩니다. 누군가에게 이야기함으로 판단 받을 염려 없이 우선 내 마음과 감정을 글로 표현함으로써 마음의 혼란을 줄일 수 있어요. 이때 중요한 건, 그 내용을 나도 판단하지 않는 거예요.

2. 느린 호흡

깊고 느린 호흡은 신체의 긴장을 풀어주고 마음을 안정시키는 데 도움이 돼요.

• 4-7-8 호흡법 : 4초간 숨을 들이마시고, 7초간 숨을 참은 후, 8초간 천천히 내쉬는 방법입니다. 4회 정도 반복하면, 긴장을 완화하고 마음을 차분하게 만드는 데 도움이 될 거예요.

3. 건강한 생활 습관

"마음이 정말 힘들었을 때 도움이 된 건 좋은 말이 아니다. 나를 위한 휴식, 잠, 맛난 뷔페였다."

SNS에서 본 글입니다. 정말 공감되지 않나요? 규칙적인 운동, 균형 잡힌 식사, 충분한 수면은 불안을 줄이는 데 중요한 역할을 합니다.

4. 사회적 지지

힘들 때 전화할 수 있는 사람이 있나요? 그렇다면 당신은 행복한 사람입니다. 우리는 불안하면, 그 불안에 갇히곤 합니다. 불안이란 늪에서 스스로 벗어나기 어려울 수 있어요. 그럴 때 친구, 가족, 선생님 등 신뢰할 수 있는 사람에게 자신의 감정을 나누고 도움을 받는 게 큰 힘이 됩니다.

5. 전문가의 도움

극심한 불안으로 고통받고 있다면, 심리 상담사나 정신과 의사와의 상담을 통해 전문적으로 관리하길 권합니다. 필요할 경우, 약물 치료를 병행하면 빠르게 좋아질 거예요.

불안은 자연스러운 감정입니다. 살면서 어느 정도는 필요하지요. 절벽 위에 섰는데 겁나지 않고 불안하지 않다면, 조심하지 않아 떨어져 다칠 수 있겠지요. 이처럼 우리에게 꼭 필요한 '불안'이라는 감정을 잘 관리하고, 그것에 압도될 때 벗어나는 방법을 배우는 건 건강한 마음 관리에 필수입니다. 자신을 이해하고, 주변의 도움을 받아 불안을 잘 다스리길 바랍니다.

당신은 혼자가 아니에요. 우리에게는 주님이 계시고 교회 목사님, 교회 선생님, 공동체가 있습니다. 우리는 함께 이겨낼 수 있어요. 당신의 마음이 평안해지기를 바라며, 이 책이 작은 도움이 되기를 진심으로 기원합니다.

1 언제 불안을 느끼나요? 그 순간에 하나님께서 뭐라고 말씀하실까요?

2 불안을 줄일 수 있는 활동은 어떤 게 있을까요?

ex. 찬양 듣기, 천천히 걷기, 명상하기, 커피 마시기 등

3 하나님께 나의 불안을 맡겨드리는 기도문을 적어보세요.

걱정이 너무 많아요,
생각을 멈추고 싶어요

위 그림은 무엇일까요?

네, 바로 스노우볼이에요. 뒤집으면 볼 안에 눈이 가득해지고, 바로 놓으면 천천히 눈이 가라앉습니다. 갑자기 웬 스노우볼이냐고요? 이 스노우볼이 우리 마음과 닮았기 때문입니다. 우리의 머릿속과 마음속에 가득한 고민과 걱정을 스노우볼 속에 가득한 눈송이라고 생각해 보세요. 유리 볼 안을 둥둥 떠다니는 눈송이들처럼 우리 안에도 사소한 걱정거리부터 꽤 복잡한 고민까지 많은 생각이 떠다니거든요.

그런데 이 스노우볼 안에 가라앉아 있는 눈송이들이 왜 사방으로 흩날리게 될까요? 아마 스노우볼을 뒤집고 막 흔들어서일 겁니다. 다시 가라앉게 하려면 어떻게 해야 할까요? 가만히 내려놔야 합니다.

생각도 마찬가지예요. 우리 안의 걱정과 고민은 나 자신이 아닙니다. 따지고 보면 '손님' 같은 거예요. 그러니 고민과 걱정에서 벗어나 잠잠히 있는 습관을 만드는 게 중요해요. 스노우볼 속 눈이 흩날리는 것처럼 우리 안에 생각과 고민이 계속된다면 몹시 힘들 테니까요.

"고민과 걱정을 도저히 안 할 수가 없어요."

이렇게 말하는 이들이 있습니다. 이유를 물으면, 삶에 문제가 너무 많다는 거예요.

하버드대학교 심리학 박사 매트 킬링스워스는 박사 과정 연구를 하면서 참신한 앱을 개발했는데요, 이 앱을 통해 사람의 심리에 관한 데이터 65만 개를 얻었다고 합니다. 그의 연구에 따르면, 현재에 집중하는 사람은 그렇지 않은 사람보다 행복도가 높고, 딴생각을 많이 하고 잡념이 많은 사람은 행복도가 낮았다고 해요.

사람들은 실제로 힘든 일이 많아서 고민과 걱정을 달고 살수밖에 없다고 말합니다. 하지만 연구 결과에 의하면, 걱정과 고민이 많아서 불행한 건 증명되었지만, '삶에 힘든 일이 많은 사람이 잡념과 걱정이 많은가?'라는 질문에는 꼭 그렇지만은 않다는 결과가 나왔습니다. 힘든 일이 많아도 고민과 걱정이 적을 수 있고, (객관적으로 봤을 때) 별로 힘든 일이 없어도 걱정과 고민은 많을 수 있다는 거지요!

매트 킬링스워스 박사의 주장을 정리하면, 사람들은 자기가 처한 상황이나 환경 때문에 고민과 걱정을 한다고 말하지만, 실은 그런 게 아니라 스스로 고민과 걱정에 사로잡혀서 힘들어한다는 거예요. 잡념에 빠지는 습관과 태도가 우리를 괴롭히는 가장 큰 적이라는 겁니다.

중국의 철학자 장자가 쓴 책에 이런 예화가 나옵니다.

옛날에 한 사람이 자신의 그림자를 두려워하고, 자신의 발자국을 싫어하여 그것들을 떼어내고자 도망쳤습니다. 하지만 발걸음을 빨리하면 할수록 발자국은 더욱 많아지고, 빨리 뛸수록 그림자는 더욱 붙어 따라왔습니다. 그는 자신이 너무 느리게 걸어서 그런 줄 알고, 쉬지 않고 더 빨리 달리기 시작했지요. 그러다 결국 기진맥진하여 죽고 말았습니다. 만약 그가 그늘에 앉아 쉬었다면 그림자는 사라졌을 것이고, 고요한 상태로 멈춰 있었다면 발자국도 더 이상 남지 않았을 겁니다. 하지만 그는 더 빨리 움직이면 자신의 불안과 두려움을 쫓아낼 수 있을 거라 믿은 겁니다. 참으로 어리석은 사람이 아닙니까?

- 장자 잡편 31편 어부편(漁父篇)

어떤 생각이 드나요? 이 글의 어리석은 도망자처럼 걱정과 고민에 빠져 고요함을 누리지 못하고 있다는 생각이 들진 않나요? 우리가 걱정하는 이유는 무엇일까요? 대부분 자기 인생을 위해 걱정합니다.

'건강하게 살고 싶은데, 병에 걸리면 어떡하지?'

'성적이 안 나오는데, 이러다 인서울 못 가면 어떡하지?'

'딱히 잘하는 게 없는데, 백수로 살면 어쩌지?'

걱정은 꼬리에 꼬리를 물고 이어집니다. 인생을 좀 더 잘 살아내고 싶어서 걱정과 고민을 한다지만, 정작 그것이 내 삶을 갉아먹습니다. 삶이 점점 병들어 가지요. 그래서 온갖 잡념으로 숨이 턱 막혀올 때마다 '아, 내가 또 고민과 걱정에 휩싸여 있구나' 하고 인식하며 의식적으로 빠져나오려고 노력해야 합니다.

"제 안에 큰 어둠이 있는 것 같아요."

10년 전쯤 만난 한 학생이 갑자기 이런 말을 하더군요. 그러고는 그동안 아무한테도 말하지 못한 속 이야기를 조금씩 털어놓았습니다. 가정에서의 아픔, 마음속 깊은 상처로 인한 슬픔, 현재 자신이 겪고 있는 우울감 등을요. 눈물을 흘리다가 웃기도 하면서 이야기를 이어갔습니다.

그 후로 그는 거짓말처럼 서서히 회복하기 시작했어요. 저는 그저 들어주었을 뿐인데, 그가 자신의 마음속 이야기를 하면서 스스로 회복의 길로 들어선 거였지요. 지금 그 학생은 교육학을 전공한 멋진 청년으로 살아가고 있습니다.

당신 주변에 믿고 이야기를 나눌 사람이 있나요? 지금 머릿속에 떠오르는 사람이 있다면, 용기를 내어 마음의 문을 열어보세요. 만일 아무도 없다면, '다 들어줄 개'라는 청소년용 심리상담 앱을 추천합니다(성인의 경우 서울여대가족상담센터 추천, http://swufamily.com). 잘 훈련받은 사람들이 이 앱을 통해 당신의 이야기를 들어줄 거예요. 오히려 나에 대해 아무것도 모르는 사람에게 이야기를 털어놓기가 더 편할지도 모릅니다.

그리고 한 가지 더 말하고 싶은 건, 일상에서 아주 작은 '재미'를 찾아보라는 거예요. 물론 쉽지 않을 거예요. "전 재밌는 게 하나도 없어요"라고 말할지도 몰라요. 하지만 사소하더라도 자신에게 기쁨을 주는 행위가 누구나 하나쯤은 있습니다. 그게 종이접기일 수 있고, 반려견과 산책하는 것일 수도 있어요. 웹툰 보기, 조깅하기, 그림 그리기일 수도 있고요. 평범한 일상에서 이런 작은 즐거움을 주는 일을 하나씩 찾아간다면, 걱정과 근심으로 가득했던 삶에 작은 행복이 싹을 틔울 겁니다.

20세기 저명한 신학자 라인홀드 니버의 '평온을 위한 기도' (Serenity Prayer) 중 일부를 소개합니다.

하나님,
바꿀 수 없는 것을 받아들이는 평온과
바꿀 수 있는 것을 바꾸는 용기를
그리고 그 차이를 분별하는 지혜를 주옵소서.

단순하면서도 깊은 통찰과 영감을 주는 이 기도는 불안한 현대사회를 사는 우리에게 평안과 지혜를 구하도록 돕습니다.

아무것도 염려하지 말고 다만 모든 일에 기도와 간구로, 너희 구할 것을 감사함으로 하나님께 아뢰라 빌 4:6

하나님께서 말씀하십니다.

"염려하지 말고, 너에게 닥친 모든 일을 나에게 이야기하렴. 그리고 필요한 것을 감사함으로 기도하렴."

우리가 바꿀 수 있는 일은, 주님의 지혜와 힘을 의지하여 직접 바꾸면 됩니다. 우리가 바꿀 수 없는 일은, 내가 안고 걱정하는 게 아니라 늘 함께하시는 주님께 짐을 내려놓고 온전히 구하면 됩니다. 어찌 보면 간단하지 않나요? 물론 말처럼 쉽지 않다는 걸 알아요. 우리 함께 해보자는 겁니다.

1 내가 가진 걱정들을 전부 적어보세요.

2 1번의 내용을 스스로 '해결할 수 있는 것'과 '해결할 수 없는 것'으로 나누어 보세요.

내가 해결할 수 있는 것	내가 해결할 수 없는 것

3 내가 해결할 수 없는 걱정들을 하나님께 아뢰는 기도문을 적어보세요. 빌립보서 4장 6절을 암송해도 좋아요.

친구가 부러워요,
그만 질투하고 싶어요

'세상이 너무 불공평해….'

살다 보면 이렇게 느낄 때가 있습니다. '엄친아'라는 말이 있지요. '엄마 친구 아들'이라는 뜻으로 능력이나 외모, 성격, 재력, 집안 등 거의 모든 면에서 완벽한 남자를 이르는 단어입니다. 잘생겼으면 공부라도 못 하든가, 공부를 잘하면 성격이라도 나쁘든가! 그런데 요즘은 다 가진 사람이 너무 많은 것 같습니다. 유명 유튜버나 연예인뿐 아니라 주변에서도 그런 사람들을 찾아볼 수 있지요.

그런 사람 옆에 있을 때 느끼는 감정, 저도 충분히 이해합니다. 저 역시 느끼니까요. 부럽거나 불편한 감정이 드는 게 당연합니다. 좋았다가 미웠다가, 하루에도 몇 번씩 바뀌는 상대를 향한 마음 때문에 힘든가요?

이번 장에서는 '질투'에 관해 이야기해 볼게요.

퀴즈를 하나 내겠습니다. 제 마음속 답을 맞혀보세요.

제목은 '토끼와 거북이의 대결'입니다. 자, 토끼와 거북이가 대결합니다. 그런데 상식적으로 대결할 거예요. 전래동화에 나오는 것처럼 토끼가 중간에 낮잠을 자지 않을 겁니다. 자면 깨울 거예요. 이번 퀴즈는 토끼와 거북이가 상식적이고 과학적으로 대결했을 때, 누가 이길지를 맞추는 겁니다. 한번 생각해 보세요. 토끼와 거북이 중에 누가 이길까요? 왜 그가 이긴다고 생각하나요?

저는 거북이가 이길 거로 생각했습니다. 그 이유는 뭘까요? 제 마음속 정답을 말해볼게요. 바로 이 경기가 물속에서 벌어졌기 때문입니다. 강연 중에 이 퀴즈를 내면 창의적이고도 재밌는 답이 많이 나옵니다.

"거북이가 산에 올라갔을 때, 등껍질로 썰매 타듯이 내려와서 이겼다."

"사실 이 경주는 100년 동안 이루어진 경주라서, 토끼는 빨리 갔지만 거북이보다 일찍 죽어서 졌다."

처음에 제가 "토끼와 거북이 중에 누가 이길까요?"라고 질문하면, 사람들의 답변은 '토끼가 이긴다'와 '거북이가 이긴다'가

6 대 4 비율로 나왔습니다. 그런데 문제 앞에 "상식적이고 과학적으로"라는 말을 붙이자 그 비율이 8 대 2, 9 대 1 정도로 바뀌더라고요. 거북이가 이긴다고 생각하는 사람이 확 줄어드는 겁니다.

사람들은 '과학과 상식'이라는 전제가 달리면 당연히 토끼가 이길 거로 생각합니다. 당연히 땅에서 경기하는 게 상식이라고 생각하기 때문이지요. 그런데 거북이에게는 땅에서 경주하는 것만이 상식적인 상황일까요? 그렇지 않습니다. 물에서 경주하는 게 더 상식적일 수도 있어요.

자, 아랫글을 읽으며 한번 상상해 보세요.

태어나서 물에 한 번도 들어간 적이 없고, 자신이 물에서 숨쉴 수 있다는 걸 모르는 거북이가 있습니다. 그 거북이는 토끼 마을에서 태어나 토끼 학교에 다니면서 날마다 운동장에서 달리기 경주를 하며 자랐습니다. 그러나 토끼들과의 경주에서 단 한 번도 이겨보지를 못했지요. 나름 열심히 노력했는데 말이에요.

그 거북이는 묘기까지 부리며 가볍게 뛰는 토끼들을 볼 때면 자신이 한없이 초라하게 느껴지고 빠른 토끼들이 부럽기만 했습니다. 어느 날, 낙심하는 거북이에게 선생님이 조언합니다.

"거북아, 오늘부터 팔굽혀펴기를 100번씩 해보자. 그리고 달리기 연습을 매일 5시간 정도 더 해보자! 넌 할 수 있어!"

이 말에 힘을 얻은 거북이는 1년 동안 열심히 '노오오오력'을 했습니다. 그렇게 해서 거북이의 달리기 성적이 좋아졌을까요? 아니요, 똑같았어요. 거북이는 또다시 낙심합니다.

'난 왜 이럴까? 왜 열심히 해도 안 되는 한심한 존재일까?'

그때, 거북이의 노력을 지켜보던 한 사람이 있었으니, 바로 가진 거라곤 돈밖에 없는 부자 아저씨입니다. 보다 못한 그가 거북이를 찾아와 말합니다.

"거북아, 지난 1년간 네 노력을 지켜보았다. 너는 정말 성실하고 열심히 노력하는 아이더구나. 그래서 내가 너를 도와주기로 했다. 너의 가장 큰 문제는 바로 그 등껍질이야. 무거운 등껍질만 떼어내 버리면, 네 인생이 달라질 거야. 다른 토끼들처럼 가볍게 달릴 수 있어! 내가 아는 분이 토끼 마을에서 제일가는 의사란다. 큰돈이지만 내가 내줄 테니 수술을 받자!"

이 말을 들은 거북이는 토끼처럼 빨리 달릴 수 있다는 말에 솔깃하면서도 두려운 마음에 도리질하며 그 자리를 뛰쳐나옵니다. 그러고는 심란한 마음을 달래러 바람이나 쐴 겸 바닷가 바위 위로 갑니다. 거기 앉아 철썩이는 바다를 바라보는데 갑자기 가슴이 뛰기 시작합니다. 콩닥, 콩닥… 콩닥콩닥!

거북이는 자기도 모르게 큰 소리로 외칩니다.

"바다는 어떤 곳일까? 들어가 보고 싶다!"

그러자 그 소리를 들은 주변의 토끼들이 거북이를 말립니다.

"큰일 날 소리! 바다에 들어가면 숨을 못 쉬어서 죽어! 게다가 바닷속에는 무서운 생물들이 얼마나 많은 줄 알아? 까딱 잘못 들어갔다가는 큰 물고기에게 잡아먹히고 말 거야!"

그 말에 거북이는 '내가 부자 아저씨 말에 잠시 충격을 받았나 보다. 돌아가서 달리기 연습이나 열심히 해야지' 하고 생각을 고쳐먹고는 학교로 돌아가려 합니다. 그런데 순간, 발을 헛디뎌 그만 바닷물에 빠지고 맙니다. 무거운 등껍질 때문에 거북이는 순식간에 물살에 휩쓸려 들어갔지요.

'아… 역시 이 등껍질이 내 인생을 망치는구나…. 더 이상 숨을 참을 수가 없네. 아저씨가 수술하게 해준다고 했을 때 감사히 받을걸. 내 삶은 이제 끝이구나.'

그런데 이게 웬일입니까? 참았던 숨을 들이쉬는 순간, 거짓말처럼 숨이 자연스럽게 쉬어지는 겁니다. 게다가 땅에서와는 다르게 빠른 속도로 헤엄치는 자신을 발견했지요. 놀라움도 잠시, 곧 상어 한 마리가 거북이를 향해 돌진해 옵니다.

'내 인생이 이렇게 막을 내리는구나. 그래, 잠깐이지만 행복했다….'

체념한 듯 눈을 질끈 감고 등껍질로 쏙 들어간 거북이. 상어는 그대로 지나쳐 갑니다. 이후 머리를 빼꼼 내밀어 자신이 안전함을 확인한 거북이는 빠르게 헤엄쳐서 물 밖으로 나왔지요.

이후 거북이는 다시 토끼 학교로 돌아가 학교생활을 이어갔습니다. 그런데 거북이의 삶이 이전과 같았을까요? 한 번도 바다에 들어가 본 적 없던 과거의 삶과 바다에 들어가 자신의 진면모를 발견한 현재의 삶이 말이에요.

거북이는 평생 무거운 등껍질을 싫어했습니다. 등껍질 때문에 다른 토끼들처럼 빠르게 달리지 못한다고 생각했지요. 발 빠른 토끼들을 부러워하고 그들과 비교하면서 속도가 느린 자신을 한심하게 여겼습니다. 그러나 결국 거북이는 물에 들어가 자신의 진짜 모습을 발견한 후, 이전과는 다른 삶을 살았습니다. 여전히 발 빠른 토끼들과 함께 지냈지만 말이에요.

누군가를 질투하고 있나요? 그의 어떤 점이 부러운가요?

질투는 누구나 갖는 감정이에요. 저도 질투합니다. 내가 갖지 못한 것을 가진 사람을 보면, 부럽고 질투가 나기 마련이지요. 그러니 질투하는 것 자체를 너무 나쁘게 생각하지 않아도 됩니다. 어느 정도의 질투는 '그래, 그럴 수 있어' 하고 넘어가는 게 좋습니다.

오히려 질투하는 자신에 대해 과도한 죄의식을 갖거나, 상대보다 더 갖지 못한 자기 상황을 탓하며 도리어 상대를 미워하거나, 그에게 나쁜 감정을 갖는 걸 피해야 합니다. 그저 '저 사람, 좀 부럽네' 혹은 '내가 누구를 질투하고 있구나' 하면서 먼저 자기 모습을 있는 그대로 인정하고 받아들이는 게 중요해요. 물론 말처럼 쉽지 않다는 걸 압니다.

특히 요즘은 SNS가 우리 삶 깊숙이 들어와 있습니다. SNS를 통해 지인들의 근황을 보거나 인플루언서들과 소통하기도 하지요. 그런데 SNS가 우울함을 가져다준다는 사실을 아나요? 한 연구 결과에 의하면, SNS를 안 하는 것만으로도 정신 건강에 적잖은 도움이 된다고 합니다. 우리는 SNS 속 네모난 사진을 통해 나보다 타인에게 집중하고, 내게는 없지만 타인이 가진 것을 살피게 됩니다. 그러다 보니 내 삶이, 내 기준이 아닌 타인의 삶을 기준으로 흘러가게 되지요.

바로 여기에 핵심이 있습니다. 질투란 '비교'에서 나온다는 거예요. 다른 누군가와 나를 비교하는 거죠. '나는 ○○보다 못생겼어', '나는 ○○보다 키가 작아', '○○은 돈이 많은데, 나는 늘 돈이 없어', '○○은 공부를 잘하는데, 난 못 해', '○○은 최신형 휴대폰을 갖고 다니는데, 나는 구식이야' 등등 더 말하고 싶지만, 끝이 없을 것 같아서 여기까지만 하겠습니다.

질투는 '시선'입니다. 상대보다 나를 낮게 보는 거지요.

가수 장기하의 노래 〈부럽지가 않어〉 가사를 보면 이런 내용이 나옵니다.

"부러우니까 자랑을 하고 자랑을 하니까 부러워지고⋯."

남들이 부러워서 나도 자랑을 하고, 자랑하다 보니 나보다 더 잘사는 사람들이 또 부럽고⋯. 마치 뫼비우스의 띠처럼 돌고 도는 겁니다. 우리는 이런 '자랑 경쟁 사회'에 살고 있어요. '전국노래자랑'이 아니라 '전국자랑자랑'이에요.

그럼 질투라는 감정에 휘둘리지 않으려면 어떻게 해야 할까요? 먼저는 질투하는 마음을 있는 그대로 받아들이는 겁니다.

'내가 그를 부러워하는구나. 질투가 나는구나. 그래, 이런 감정이 들 수 있어.'

이렇게 감정을 공감해 주는 거예요. 모든 감정을 그저 받아들이고 느끼는 거지요. 괴롭고 불쾌하더라도 '질투'라는 내 감정을 깊이 느끼고 공감해야 다음으로 넘어갈 수 있습니다.

다음은 질투 뒤에 숨은 나의 욕구를 발견하는 겁니다. 질투는 내가 진짜 갈망하는 것이 무언지 알려주는 감정이에요. 이를 통해 타인과의 비교에서 벗어나 자기 성장에 집중할 수 있습니다. 갈망하는 것을 얻기 위해 목표를 설정하고, 작은 실천을 해볼 수 있지요. 예를 들어보겠습니다.

– 초기 감정

친구 B가 잘나가서 질투가 난다. 나는 왜 이 모양일까?

– 욕구 발견하기(스스로 묻고 답하기)

Q. 나는 B의 어떤 점을 부럽게 느끼는가?

A. B는 자신감이 넘치고, 주변에서 인정을 받는다.

– 성장에 집중하기

내가 진짜 원하는 건, 자신감과 인정일 수 있다. 그렇다면 자신감을 키우고 내가 있는 분야에서 인정받기 위해, 오늘 할 수 있는 작은 행동은 무엇일까?

이렇게 질투라는 감정을 긍정적 행동으로 전환할 수 있습니다. 하지만 이것만으로는 부족합니다. 진정한 해결책이 필요하지요. 그 답은 성경에 있습니다.

범사에 **감사하라** 이것이 그리스도 예수 안에서 너희를 향하신 하나님의 뜻이니라 살전 5:18

제가 '감사'라는 솔루션을 드리면, 사람들이 되묻곤 합니다.

"저 자신이 그리고 제가 처한 환경이 불만스러운데, 어떻게 감사를 합니까? 감사하는 건 '자기 위로'나 '정신 승리' 아닌가요?"

"전 가진 게 별로 없어서 감사할 것도 없어요."

그러나 과연 그럴까요? '감사'란 내게 있는 것을 찾는 겁니다. 반대로 '비교'는 내게 없는 것을 찾는 거고요. 내게 없는 것에만 집중하여 살다 보면 결국 '열등감'이라는 감정에 사로잡히게 됩니다. 그런데 흥미롭게도 열등감이 나쁘기만 한 건 아닙니다. 유명한 정신의학자인 아들러가 말했습니다.

건강한 열등감은 타인과 비교하는 것이 아닌
미래의 성장한 나와 지금의 나를 비교하는 것이다.

지금 내 모습을 보면 가진 게 하나도 없는 것 같지만, 누구나 한 가지씩은 있습니다. 그것이 다른 사람에게는 없는 어떤 대상을 향한 열정일 수도 있고, 말을 재미있게 하는 능력일 수도 있고, 탁월한 패션 감각일 수도 있지요.

제가 코칭한 사람 중에 유명한 기타리스트 펀투(임정현)라는 분이 있습니다. 그는 〈캐논 변주곡〉으로 하루아침에 세계적인 유튜브 스타가 되었지요. 첫 만남 때, 그가 말했습니다.

"저는 남들보다 잘하는 게 없어서 기타를 시작했어요. 혼자 방구석에서 오랫동안 기타를 열심히 치다가 어느 음악 동영상 사이트에 〈캐논 변주곡〉이라는 이름으로 영상을 올려보았습니다. 그런데 그 영상을 어떤 사람이 자기 유튜브에 올렸고, 그 영상이 당시 유튜브 전체 조회 수 2위에 오르게 되었습니다. 이후 조회 수 1억 뷰를 달성하면서 저는 방구석 기타리스트에서 세계적으로 유명한 기타리스트가 되었어요."

　우리는 모두 거북이입니다. 갑자기 무슨 소리냐고요? 토끼 마을에 사는 거북이가 처음에는 토끼들과 경주하면서 자기가 가지지 못한 것, 자기한테 없는 걸 부러워했잖아요. 그런데 자신의 진면모를 발견하고 나서 어떻게 됐지요? 자신에게 없는 것을 한탄하거나 토끼를 무작정 부러워하기보다는 자신을 자연스럽게 받아들이게 되었습니다. 어쩌면 빠른 토끼들을 존중하며 박수를 쳐주었을지도 모르겠네요.
　이제부터는 갖지 못한 걸 동경하기보다, 내가 이미 가진 것, 하나님께서 내게 주신 것을 돌아보며 나의 진가를 발견하는 데 시간을 더 투자해 보는 건 어떨까요.

(1) 나는 누구에게, 무엇 때문에 질투를 느끼나요?

(2) 위 답을 통해, 내가 진짜로 원하는 것이 무엇인지 살펴보세요.
그것을 얻기 위해 실천할 수 있는 작은 행동은 무엇이 있을까요?

(3) 내가 가진 것을 세 가지 적으며, 감사를 회복하세요.
ex. 건강한 몸, 사랑하는 부모님, 날 위해주는 친구, 유머 감각, 훈훈한 외모, 공감 능력, 책임감, 라면 끓이는 실력 등

02

나를
마주하기

Day 08

실수할까 봐 두려워요,
제발 담대해지고 싶어요!

요즘 저는 근육 운동을 열심히 하고 있습니다.

사실 운동을 좋아하지 않았습니다. 해야 한다는 걸 알았지만 힘들기만 하고, 평생 숨쉬기 운동만 해온 제게 운동은 늘 자신 없는 영역이었지요. 원래부터 잘하거나 좋아하는 사람들만 운동하는 거로 생각했습니다.

피트니스 센터에 가도, 다들 잘하는데 나만 못 하는 것 같아서 괜히 움츠러들곤 했지요. 이렇게 저렇게 뭔가를 해보려고 하면 나의 잘못된 자세를 바로잡아 주러 오는 친절한(?) 형님들로 인해 부담스럽기만 했어요. 내 부족함을 계속 지적받는 것 같았습니다. 그래서 저는 마음 전문가로서 숨쉬기 운동과 더불어 마음 운동(?)만 열심히 했습니다.

그러던 중 후배 목사의 도움을 받아 근육 운동을 시작했어요. 친한 후배가 가르쳐주는 건 크게 부담스럽지 않았습니다. 무엇보다 그가 제 마음을 편안하게 해줘서 순조롭게 시작할 수 있었지요.

저는 하나하나 배우면서 운동의 진짜 매력을 발견했습니다. 바로 '실패가 끝이 아님을 느끼는 순간'을 말이에요. 오히려 실패가 한계를 뛰어넘을 수 있는 기회처럼 다가왔지요.

'데드리프트'라는 운동을 할 때였습니다. 처음에 40킬로그램 정도 되는 바벨을 들어 올렸습니다.

'이러다가 등이 부러지는 건 아닐까?'

시작부터 너무 힘들어서 제 안에 있던 모든 걱정과 고민이 사라질 정도였습니다. 그런데 어느새 40킬로그램이 익숙해졌고, 50킬로그램, 60킬로그램도 들며 내가 어디까지 들 수 있는지 테스트하기 시작했습니다. 그러다가 150킬로그램 정도까지 들어 올리게 되었지요.

그러면서 실패 지점까지 가야 근육이 비로소 성장한다는 걸 알게 되었습니다. 예를 들어, 마지막에 한 번 더 들어 올리려다가 결국 못 들어 올렸을 때 '아, 실패했구나'라고 생각하는 이때가 근육이 발달하는 타이밍이라는 겁니다. 근섬유가 미세하게 손상되고 회복되면서 더 강해지지요. 이런 과정이 반복되면서 몸뿐 아니라 생각도 바뀌어 갔습니다.

저는 운동하면서 실패를 경험할 때마다 나의 한계를 깨닫고, 그걸 넘어서려고 했습니다. 실패를 성장의 과정으로 받아들이자 조금씩 한계를 뛰어넘어 더 강해질 수 있었지요. 이런 시도가 운동에만 국한되지 않고, 일상에도 도움을 주었습니다. 실패를 두려워하기보다는 성장의 발판으로 삼게 되었고, 그런 태도가 저를 더 나은 사람으로 만들었습니다. 실패는 끝이 아닌 더 나은 내가 될 수 있는 시작이었지요.

"실수하기 싫어요", "실패하기 겁나요."

코칭을 하면서 자주 듣는 이야기입니다. 사실 저도 실수를 아주 싫어합니다. 글을 쓸 때 맞춤법이 틀리면 너무 부끄러워서 글을 쓰기 싫을 때도 있고, 지각하는 걸 극도로 싫어해서 대학교 때 지각할 것 같으면 수업에 아예 안 들어가기도 했습니다. 그만큼 실수하는 걸 싫어하지요.

저는 오래전 목회자로 사역을 하다가 현재는 라이프코치로 살고 있습니다. 그 과정에서 창업도 하고, 비영리단체와 공동체도 만들었었지요. 하지만 실패의 연속이었습니다. 어쩌면 무얼 하든 완벽한 것은 없으니 불완전하고, 미흡하고, 실수와 실패가 뒤따르기 마련입니다.

그러니 실수와 실패를 하기 싫은 마음은 무언가를 완벽하게 잘 해내고 싶다는 기대감이겠지요. 그도 그럴 것이 실수와 실패를 하면 비난을 받고 또 부끄럽습니다. 하지만 새로운 것을 시도할 때, 당연히 미숙할 수밖에 없습니다. 처음부터 완벽하게 하는 사람은 없어요. 만약 처음부터 무언가를 완벽하게 한다면, 그건 이미 잘 알고 있는 것이거나 충분히 도전적이지 않은 것일 테지요. 이처럼 실수와 실패는 모두의 삶에서 불가피하며, 이를 피하는 건 아무것도 안 할 때나 가능합니다.

중요한 건 '실수와 실패를 어떻게 바라보느냐'예요. 우리는 실수와 실패가 배우고 성장하는 과정에서 중요한 요소라는 점을 자주 잊습니다. 만약 실수를 '잘못'이라고만 생각하고, 실패를 '끝'으로만 여긴다면, 우리는 쉽게 포기하고 말 겁니다. 그러나 실수를 '배움의 기회'로, 실패를 '성장의 계단'으로 받아들이면, 분명 더 발전하겠지요!

한계는 내가 한계라고 여기는 그 지점에 다다라야만 뛰어넘을 수 있습니다. 근육 운동을 하면서 무거운 무게를 들어 올리다 보면, 결국 한계에 맞닥뜨리게 됩니다. 하지만 그것을 넘어서려 할 때, 근육이 강해집니다. 마찬가지로 삶에서도 한계에 직면하고 그것을 뛰어넘으려는 도전을 해야만 성장할 수 있습니다.

실수와 실패를 두려워하지 않으려면 어떻게 해야 할까요? 네 가지 방법을 말해보겠습니다.

첫째, 실패를 재정의하기

실패를 부정적으로만 보지 말고 '학습과 성장을 위한 기회'로 여기세요. 실패는 내가 배워야 할 무언가를 알려주는 신호입니다. 과거의 실패를 돌아보고, 그로부터 배운 교훈을 생각해 보세요.

둘째, 작은 목표 설정하기

우리는 너무 큰 목표를 설정하고 기대하는 습관이 있습니다. '일주일에 7번은 운동해야 해', '적어도 A는 맞아야 해' 등의 과도하게 높은 목표는 좌절감을 안겨줄 뿐입니다. 작은 목표를 세우고 하나씩 성취해 가는 편히 훨씬 좋습니다.

셋째, 자신에게 조금은 관대해지기

인간은 모두 실수합니다. 실수하지 않는 인간은 없습니다. 어쩌면 실수 자체가 우리인지도 모르겠습니다. 그러니 실수했을 때는 '실수할 수도 있지. 다음에는 같은 실수를 반복하지 말자. 이 일에서 교훈을 얻고 한 뼘 더 성장하자!'라고 생각하며, 자신을 격려해 주세요.

　넷째, 내가 성장하고 성취한 것 기록하기

　나의 작은 성취를 기록해 보세요. 아주 작은 것이라도 좋습니다. 자신의 실수를 돌아보는 것도 필요하지만, 너무 그것만 생각하면 괴롭습니다. 자존감도 낮아지고요. 공평하게 자신이 이룬 작은 성취도 정리해 보세요.

　오래전에 만난 한 학생의 이야기를 들려드릴게요. 이 친구의 이름은 최미아입니다. 17년 전 '꿈 찾기 코칭' 강의를 하면서 만난 미아는 당시 중학교 2학년이었고, 선교사 자녀였습니다. 강의를 마치고 미아가 제게 메일을 보내왔습니다.

　"코치님 강의를 듣고 꿈이 생겼어요! 미국에 가서 공부하고 멋진 커리어우먼이 되고 싶어요."

　그런데 이후 미아에게 가슴 아픈 일이 생겼습니다. 선교사였던 아버지가 급작스럽게 하늘나라로 떠나신 거예요. 이 일로 미아는 여러 어려움을 겪었습니다. 아버지를 잃은 슬픔을 달래지도 못한 채 한국에서 학교도 못 다니고 아르바이트만 하며 지내야 했지요. 가족과도 뿔뿔이 흩어져 친척 집에 유숙했습니다.

그런데도 미아는 꿈을 포기하지 않았습니다. 여전히 천진하게 웃으며 제게 이야기하던 미아의 모습이 생각납니다.

"코치님, 저는 꼭 제 꿈을 이룰 거예요."

당시 코칭 경험이 많지 않았던 저는 속으로 고민했습니다.

'이 친구에게 내가 헛된 꿈을 꾸게 하는 게 아닌가?'

왜냐하면 미국은커녕 한국에서 학교에 다닐 형편도 아니었기 때문이지요.

이후 미아는 꿈을 좇아 무작정 미국으로 건너갔습니다. 살 집도, 생활비도 없던 상황에서 아르바이트를 3개나 동시에 하며 지냈고, 미국 시골 학교에서 인종차별도 당했지요. 이때 미아 말로는 '벌레' 취급을 당했다고 합니다. 그달 생활도 어렵고, 다음 달 생활비 마련도 막막해서 당시엔 미국에 건너온 게 인생의 큰 실수고, 자기 삶이 실패했다고 느꼈다고 해요. 당시 저와 온라인으로 통화하면서 매일 울던 미아가 기억납니다.

미아는 미국에서 고등학교만 마치고 다시 한국에 돌아갈 생각으로 하루하루를 버텼습니다. 그러다가 미국 대학 회계학과에 입학했지요. 역시나 형편이 어려워서 직장에 다니며 야간 수업을 듣기도 하고, 회사 사장님이 등록금을 지원해 주는 등 일과 학업을 열심히 병행한 끝에 미아는 8년 만에 대학을 졸업했습니다(회사에서 직원의 근속을 위해 대학 등록금을 지원해 주는 일은 처음 있는 일이었다고 합니다).

이후 미아는 어떻게 되었을까요? 미국 최대 회계법인 3사에 동시 합격 후, 현재 가장 큰 회계법인에서 일하고 있습니다. 좋은 배우자를 만나 결혼도 하고 사랑스러운 아이도 낳았지요. 미아는 여전히 매일 도전하며 살고 있답니다.

이 글을 쓰며 미국에 있는 미아를 온라인으로 인터뷰할 때, 그녀가 이런 이야기를 했습니다.

"어쩌면 제 삶의 과정 자체가 실수와 실패였는지 몰라요. 당시에는 아무런 희망도 없었고, 비참함 그 자체였습니다. 하지만 그저 한 걸음 한 걸음 나아갔어요. 그뿐이에요.

실수와 실패가 없는 삶은 존재하지 않아요. 우리는 실수하지 않고 실패가 없길 바라지만, 이 둘은 반드시 거쳐야 할 과정인 것 같아요. 그래서 조금은 실수와 실패에 관대해졌으면 해요. 자신의 실수를 너무 매몰차게 대하면, 자존감도 떨어지고 '내가 또 이러는구나, 난 쓸모없는 사람이야'라고 생각하게 되니까요. 이런 생각이 나를 더 나아지게 만들 것 같지만, 결국 나 자신을 파괴한답니다.

'실수해도 괜찮아, 잘할 수 있어, 이미 충분해.'

이런 긍정적인 말이 자신을 더 빨리 회복시키고 오히려 더 성장하게 하는 것 같아요. 누구보다도 나 자신을 비난하고 학대했던 제가 여러분께 꼭 말씀드리고 싶은 건, '하나님이 주시는 소망'이 있었기에 그 어려운 시기를 이겨낼 수 있었다는 거예요."

코칭 가이드

1 그동안 내가 한 실패나 실수를 적어보세요. 그것을 통해 배운 점은 무엇인가요?

2 사소하더라도 그동안 내가 이뤄낸 성공이나 성취들을 적어보세요.

3 오늘 내가 도전하고 싶은 작은 일은 무엇인가요?

예민한 내가 힘들어요,
좀 편해질 방법이 있을까요?

저는 어릴 적부터 예민한 아이였습니다.

그래서 사람들의 감정 흐름과 마음을 세밀하게 느꼈고, 그들이 힘들 때 격려해 줄 수 있었지요. 또 그들의 반응을 보면서 어떻게 도와주어야 할지 본능적으로 알았어요. 저는 지나가는 사람들의 표정과 말투에서도 마음 상태를 느꼈습니다. 상대가 웃고 있어노 눈빛, 얼굴빛, 작은 표정 변화를 통해 다른 감정이 숨어 있음을 알았지요.

그래서인지 부모님이 부부 싸움을 하는 걸 보면서 큰 상처를 받았습니다. 작은 자극도 크게 느끼는 예민한 아이였기에 더 그랬던 것 같습니다. 한때는 깊은 외로움을 느끼기도 했습니다. 저는 다른 이의 이야기를 열심히 듣고 마음을 다해 도와주는데, 제게는 그렇게 해주는 이가 없어서요. 그래서 이 예민함이 늘 고민이었습니다.

'나는 왜 이렇게 생각이 복잡할까? 왜 하나의 자극을 크게 느끼고 자세하게 분석하는 걸까?'

당신은 어떤 영역에서 예민함으로 고민하고 있나요?

예민함은 개인의 특성이자 능력입니다.

예민한 사람은 종종 자신의 감정이 지나치게 격해지는 걸 경험합니다. 그로 인해 혼란과 고통을 겪기도 하지요. 그러나 예민함은 단순히 불편한 성향이 아닌 개인의 특성이자 능력으로도 볼 수 있어요. 예민한 사람은 남들이 쉽게 알아차리지 못하는 세부적인 부분을 알아차리고, 타인의 감정에 민감하게 반응하며, 깊이 공감합니다.

문제는 이 능력이 통제되지 않고 아무 때나 작동할 때 발생하지요. 그럴 때면 감정을 제어하지 못하고 외부 자극에 지나치게 반응하게 됩니다. 이에 따른 정신적, 감정적 소모가 크기에 고통을 느끼기도 하지요. 따라서 예민함은 상황에 맞게 쓰일 때 그 가치가 발휘되며, 이를 잘 통제하고 관리해야 합니다. 그렇지 않으면 감정적으로 탈진하고 과민해져서 몹시 괴롭습니다.

전 세계 사람 중 약 20퍼센트가 '매우 예민한 사람'(HSP, Highly Sensitive Person)에 속한다고 합니다. 10명 중 2명은 우리가 흔히 말하는 예민한 성향을 보인다는 거지요. 이 HSP는 1995년 미국의 심리학자 일레인 아론 박사가 제시한 개념으로, 예민한 사람은 내적, 외적 자극에 더 강하게 반응하는 특징이 있다고 합니다. 그들의 뇌는 주의력, 감정, 행동, 의사결정에서 더 활발하게 작동하며, 이를 통해 여느 사람보다 더 세심하고 공감 능력이 뛰어나지요.

그래서 예민한 사람은 독창적인 아이디어와 공정성에 대한 깊은 고민을 통해 팀을 이끄는 능력이 탁월하지만, 높은 스트레스를 받을 가능성과 불면증, 번아웃(탈진 상태)과 같은 정신적 어려움에 직면할 위험이 큽니다. 이런 양날의 검과 같은 특성은 그들에게 장점이자 단점으로 작용하지요.

뉴욕의 헌터 칼리지에서 인간행동학 교수로 있는 멜로디 와일딩은 그의 책 《예민함이 너의 무기다》에서 예민한 사람을 구분하는 특징들을 설명합니다.

1. 높은 감정적 민감성 : 감정적으로 민감하여 타인의 감정을 잘 읽고 공감하는 능력이 있다.

2. 강한 책임감 : 주어진 업무에 관한 책임감이 강해 완벽하게 해내려는 성향을 보인다.

3. 과도한 생각 : 사소한 일도 깊게 생각하여 불안을 느끼기 쉬우나 이를 잘 관리하면 뛰어난 문제 해결 능력으로 변환할 수 있다.

4. 직관력 : 직감이 뛰어나서 사소한 변화나 세부 사항을 잘 인지한다.

5. 높은 완벽주의 성향 : 종종 자신이나 타인에게 높은 기준을 적용하여 완벽을 추구하려는 성향을 보인다.

6. 강한 공감 능력 : 타인의 감정을 이해하고 정서적으로 깊이 연결되는 능력이 있다. 이는 인간관계의 강력한 도구가 될 수 있다.

7. 경계 설정의 중요성 : 자신의 에너지를 보호하고 스트레스를 관리하기 위해 건강한 경계를 설정할 필요성을 자주 느낀다.

8. 성장 지향적 사고 : 끊임없이 자신을 발전시키고 성과를 향상하기 위해 노력한다. 이것이 이들을 지속 성장하게 만드는 동력이다.

9. 자기 관리의 필요성 : 자신을 돌보고, 정서적, 지적, 사회적 건강을 관리하는 법을 배워야 한다.

10. 스트레스에 취약함 : 남들보다 스트레스에 취약하지만, 적절히 관리하면 예민함을 자신만의 독특한 강점으로 바꿀 수 있다.

멜로디 와일딩 교수는 예민한 사람이 가진 이런 특성을 강점으로 받아들이고, 활용하고 보완하여 발전의 기회로 삼아보라고 조언합니다.

예민함을 어떻게 관리하면 좋을까요? 세 가지로 말해보겠습니다.

첫째, 예민한 영역 받아들이기

자신이 어떤 상황에서 예민하게 반응하는지를 파악하는 것이 예민함을 관리하는 첫걸음입니다. 소리, 빛, 사람의 말투나 표정이나 행동 등 구체적인 자극과 반응에 대해 예민함이 발휘되는 영역을 잘 살펴보세요. 이를 이해하면 그 상황에서 자신을 보호할 방법도 마련할 수 있습니다.

저도 어릴 때부터 타인의 감정에 예민하게 반응했지만, 그런 예민함을 인정하기가 어려웠어요. 이 부분이 저를 너무 힘들게 했고, 그런 저 자신이 싫었기 때문입니다. 그런데 좋든 싫든 나를 있는 그대로 받아들이는 게 성장의 시작이었지요.

예민함은 하나님이 주신 나의 특징이었습니다. 이것을 잘 사용하면 나를 보호하고, 일을 세심하게 처리하며, 타인을 잘 돌볼 수 있는 능력이 되었습니다. 반대로 잘 관리하지 못하면, 과민하거나 불안해지고, 타인의 반응에 지나치게 연연하게 되어 괴로웠지요. 이를 깨닫고 나니, 예민함을 이롭게 사용하는 법을 터득하게 되었습니다.

둘째, 쓸 때는 쓰고, 닫을 때는 닫기

예민함을 필요한 순간에만 활용하고, 그렇지 않은 상황에서는 잠시 닫아두는 연습이 필요합니다. 중요한 결정을 내리거나 다른 사람의 감정을 이해할 때는 예민함이 큰 도움이 될 수 있습니다. 저는 제 예민함을 사람들을 코치하거나 공동체를 인도할 때 주로 사용합니다. 그러나 가족과 일상을 보내거나 사람이 많은 곳에 갈 때는 예민함의 센서를 닫아두려 노력합니다. 이때 예민함을 발휘하면 무척 과민해질 테니까요.

사람의 에너지는 한정되어 있습니다. 쓸 때는 쓰고 안 쓸 때는 안 쓰는 '신경 *끄기의 기술*'이 필요하지요. 세계적인 베스트셀러 작가 마크 맨슨은 《신경 *끄기의 기술*》에서 이렇게 이야기합니다.

당신은 언젠가 죽는다. 좀 뻔한 이야기지만 혹시나 당신이 깜빡했을까 봐 하는 말이다. 오늘과 그날 사이의 짧은 기간 동안 당신이 쓸 수 있는 신경은 얼마 안 된다. 아주 적을 것이다. 그러니 생각 없이 사사건건 신경 쓰며 돌아다니다가는 결국 험한 꼴을 당하고 말 것이다.

꼭 신경 써야 할 중요한 일과 그 외의 일을 구분하고, 지혜롭게 신경을 쓰는 연습이 필요합니다.

셋째, 예민함을 기여로 연결하기

예민함은 단순히 내게만 영향을 미치는 게 아니라 다른 사람에게도 이바지할 수 있는 능력입니다.

예민하게 무언가를 관찰하는 능력은 장점만큼이나 단점도 세심하게 보게 합니다. 이를 잘 사용하면, 나와 타인의 단점을 보완하고 장점을 극대화하는 데 기여할 수 있지요. 하지만 통제하지 못할 경우에는 타인의 약점을 적나라하게 말해서 상처를 주거나, 자신의 약점과 잘못을 현미경 보듯이 관찰해서 자책하거나 스스로에게 상처를 입히기도 합니다.

그래서 저는 제 예민함을 보검(寶劍)처럼 생각하며 관리합니다. 날카롭고 귀한 칼이 주어졌는데 아무 때나 쥐고 흔들어대면 나도 찌르고 상대도 찌를 겁니다. 한때 저는 이 칼이 너무나 소중한데, 누군가를 다치게 하는 게 정말 싫었습니다. 그래서 안 쓰려고 다짐도 했고, 실제로 쓰지 않은 시간도 있었습니다. 그런데 이것이 네보물 같은 능력임을 알고부터는 사람들을 위해 쓰기 시작했지요.

물론 처음에는 미흡하고 부족해서 나도 다치고, 상대도 다치게 했지만 훈련하고 연습하면서 예민함이란 보검을 잘 다루게 되었습니다. 더 나아가 꼭 써야 할 때만 쓴 후에 칼집에 넣어두는 법도 배웠지요. 이렇게 예민함을 사용하자, 사람들이 제게 감사를 표했습니다. 자신도 몰랐던 감정을 제가 알아주고, 세심하게 위로하며 이해해 주었으니까요.

당신도 예민함이란 보검을 필요한 순간에 적절히 사용해 보기를 바랍니다. 처음에는 겁이 나고 시행착오도 있겠지만, 예민함을 잘 관리하는 법을 차차 배워나갈 것입니다.

① 나는 어떤 예민함을 가지고 있나요? 내가 유독 예민하게 반응하는 순간을 떠올려 봅시다.

   ex. 비교받는다고 느낄 때, 무시당한다고 느낄 때, 관계에서 갈등이 있을 때, 예기치 못한 상황이 벌어질 때 등

② 예민함의 스위치를 잠시 끄기 위해 어떤 노력을 하면 좋을까요? 내가 편안함을 느끼는 공간, 활동, 사람을 떠올려 보세요.

③ 나의 예민함 덕분에 다른 사람에게 도움을 준 일을 떠올려 보세요. 그때 기분이 어땠나요?

결정을 못 내려요, 우유부단함을 버리고 싶어요

당신은 어떤 상황에서 결정하기가 어렵나요?

저는 "오늘 뭐 먹을래?"라고 물으면 결정하기가 너무 어렵습니다. 순간 '다른 사람들은 무엇을 먹고 싶을까?', '무엇을 먹어야 나도 좋고 상대도 좋을까?', '최선의 메뉴는 무엇일까?' 등의 생각이 떠올라서 다시 상대의 의견을 묻곤 합니다. 그때 결정을 잘 내리는 사람이 있으면 빨리 정해지지만, 서로 배려하다 보면 메뉴 결정에 시간이 꽤 소요되지요.

요즘 "나는 선택장애, 결정장애예요"라고 말하는 이들이 많습니다. 사실 '결정장애'라는 말은 원래 없지만('장애'란 신체나 정신에 기능적 문제가 있어서 제 기능을 하지 못하는 것을 말하므로 이런 표현에 각별히 주의해야 합니다), 그만큼 결정과 선택에 어려움을 겪는 사람들이 많은 것 같습니다.

일반적으로 결정장애란 어떤 결정을 내리는 데 어려움을 느끼는 심리적 상태를 말합니다. 선택지가 여러 개일 때, 결정을 미루거나 선택 자체를 하지 못해 스트레스를 받는 경우이지요. 이런 어려움은 일상생활의 사소한 선택부터 인생의 중대한 결정에 이르기까지 다양한 상황에서 나타납니다.

선택(결정)을 내리기 어려울 때, 그 속에는 여러 마음이 한꺼번에 있습니다. 결정은 순간의 선택이지만, 자신이 내린 선택의 결과를 받아들이고 책임지는 건 더욱 성숙한 일이지요. 결정장애는 주로 실수나 불완전함을 받아들이기 힘들어하는 '완벽주의 성향'에서 생겨납니다. 이런 사람에게는 어떤 결정도 완벽할 수 없다는 인식이 필요합니다.

삶은 선택의 연속이며, 우리는 매 순간 선택하고 그 결과를 받아들여야 합니다. 사실 어떤 결정도 본질적으로는 '선택'이지요. 중요한 건 선택의 옳고 그름을 판단하는 게 아니라, 그 결과에 책임을 지고 받아들이는 자세입니다.

대학 전공을 선택할 때를 예로 들어보겠습니다. A라는 전공이 지금 시기에 매우 유망해 보여도 B라는 전공이 내게 더 잘 맞고 흥미로울 수 있습니다. 둘 중 하나를 선택해야 하지만, 어떤 선택을 하든 완벽한 선택은 아닐 겁니다. 장래성을 고려해 A 전공을 선택하면, B 전공에서 얻을 흥미로움은 포기해야 합니다. 그로 인해 후회하거나 갈등하기보다는 선택한 결과에 책임을 지고, 그 과정에서 얻는 것에 집중하는 게 현명하지요.

제가 오래전 청년 시절에 만난 전후석 영화감독은 영화감독이 되기 전부터 영화를 무척이나 좋아했습니다. 어떤 이야기를 해도 별 흥미를 느끼지 못하다가 영화 이야기만 하면 눈빛이 살아나고 얼굴이 환해졌지요. 그래서 제가 그에게 "언젠가 형제님은 영화를 만들 거예요. 틀림없어요"라고 말할 정도였어요. 그는 영화를 제일 좋아했지만, 여러 이유로 변호사가 되고자 했습니다. 결국 로스쿨을 졸업하여 변호사가 되었고, 오랫동안 변호사 생활을 이어갔습니다.

그러던 중 그가 쿠바로 여행을 갔습니다. 거기에서 여러 경험을 하며 한인 디아스포라 공동체의 역사를 만났지요. 이 과정에서 그는 크게 감동하고 사명감을 느껴 그 내용을 영화로 만들기로 결심했습니다. 이후 그는 디아스포라의 정체성을 탐구하는 〈헤로니모〉, 〈초선〉 등의 훌륭한 영화를 만들었고, 현재 세계적인 영화감독으로 발돋움하고 있습니다.

자, 생각해 봅시다. 영화를 좋아했지만, 법을 공부하고 변호사가 된 그의 결정이 틀렸던 걸까요? 결국 영화감독이 될 거였는데 말입니다. 곧장 영화계로 입문했다면 더 일찍 더 많은 작품을 만들 수 있지 않았을까요? 저는 그렇게 생각하지 않습니다. 법을 공부하고 변호사로 일하며 쌓은 경험과 인맥이 그의 일부가 되었을 겁니다. 그렇다면 만일 그가 처음부터 영화의 길을 선택했다면 그것도 실수였을까요? 아닙니다. 그 역시 삶의 한 과정이 되었을 겁니다.

나중에 전 감독이 제게 물었습니다.

"코치님, 어떻게 오래전에 제가 영화 만들 걸 아셨나요?"

"영화에 관해 이야기할 때, 형제님 얼굴이 빛났으니까요."

결정을 내리기 어렵게 하는 주된 원인은 무엇일까요?

바로 완벽주의입니다. 완벽주의자는 완벽한 결정을 내리고 싶어 합니다. 그러나 비현실적인 기대입니다. 또한 완벽주의자는 실수나 부족함을 두려워하므로 결정을 미루거나 결국 아무 결정도 내리지 못합니다. 그러다 아무것도 하지 않게 되지요.

사람들은 종종 여러 선택지 사이에서 최선의 선택을 찾으려다가 갈등을 겪고 결정을 내리지 못하는 경향이 있습니다. 이런 태도는 완벽을 추구해야 한다는 '강박'과 연결되어 '무엇이 최선의 선택인가'에 대한 끊임없는 불안을 야기하지요. 그러나 실제로는 완벽하지 않은 선택이 더 현실적이며, 이런 선택을 반복함으로써 결과적으로는 스스로 자신감을 얻게 됩니다.

완벽한 선택은 없습니다. 선택은 항상 불완전함을 동반하며, 어떤 선택이든 장단점이 공존하지요. 중요한 건 그 선택이 가져올 결과를 과도하게 예측하고 완벽하게 대비하는 게 아니라, 결과를 받아들이고 그에 따른 전략을 세우는 거예요. 내가 한 선택이 틀렸다고 느껴도 그것이 끝은 아닙니다. 오히려 그 선택에서 배울 점을 찾고, 더 나은 길을 찾아가는 태도가 중요하지요. 어쩌면 삶은 이 과정의 연속이지 싶습니다.

그리스·로마 신화에 선택과 결정의 어려움을 잘 나타내는 흥미로운 이야기가 있습니다.

오디세우스는 트로이 전쟁이 끝난 후, 고향 이타카로 돌아가는 과정에서 수많은 위험 상황에 직면합니다. 그중에서도 가장 어려운 선택의 순간은 스킬라와 카리브디스 사이를 지나갈 때였지요. 스킬라는 바다를 지나는 선원들을 잡아먹는 6개의 머리를 가진 위험한 괴물이었습니다. 스킬라에게 가까이 가면 필시 많은 선원이 죽거나 다치게 됩니다. 하지만 카리브디스 역시 배 전체를 빨아들여 가라앉게 하는 거대한 소용돌이 같은 해양 괴물이었습니다. 카리브디스에게 가까이 가면 파선은 물론이고 선원 전원이 죽을 위험에 처하게 됩니다.

오디세우스는 이 두 괴물 사이를 지나가야 하는 상황에 맞닥뜨립니다. 한쪽으로 가면 선원들을 상당 수 잃고, 다른 쪽으로 가면 배가 파괴되어 모두가 죽을 판이었지요. 결국 그는 스킬라 쪽으로 배를 몰고 갑니다. 전원을 잃기보다는 일부를 잃는 게 더 나은 선택이라고 판단한 거지요. 그 결과 생존하여 해협을 통과하게 됩니다.

이 이야기에서 오디세우스가 겪은 딜레마는 선택의 어려움을 겪는 사람이 직면하는 상황과 매우 비슷합니다. 개중에 최선을 선택해야 하고, 그에 따른 결과에 책임을 지고 고난도 감당해야 하니까요. 물론 매우 고통스럽고 어려운 일입니다.

선택을 잘하려면 어떻게 해야 할까요? 뾰족한 수가 있는 건 아니지만, 도움이 될 네 가지 조언을 드리겠습니다.

첫째, 완벽한 결정은 존재하지 않음을 받아들이세요.

어떤 선택이든 장단점이 있으며, 내가 내린 선택의 결과를 있는 그대로 받아들이기로 다짐하세요.

둘째, 작은 결정부터 연습해 보세요.

작은 결정을 미루고 타인에게 맡기다 보면 당장은 편할 수 있지만, 결국 큰 결정을 내릴 때 더 힘들어집니다. 작은 결정을 신속하게 내리는 연습을 통해 결정 과정에 익숙해지세요. 다양한 시행착오와 작은 성공 경험이 쌓이면, 더 큰 결정을 내리는 데 자신감을 얻을 수 있습니다.

셋째, 너무 많은 정보를 수집하지 마세요.

선택을 앞두고, 필요한 정보는 충분히 수집하되, 과하게 많은 정보를 분석하지 않는 편이 좋습니다. 정보는 끝이 없어서 더 불안하게 만들고 결정을 어느 쪽으로도 내리지 못하게 하기 때문입니다. 코칭에서는 80퍼센트 정도의 확신이 생겼을 때 결정을 내리고, 나머지 불확실성은 감수하도록 돕습니다.

넷째, 시간제한을 설정하세요.

결정을 내리는 데 걸리는 시간을 제한하면 과도한 고민을 줄일 수 있습니다. '마감 효과'라는 말이 있지요. 기한 내내 일을 미루다가 마감 시간을 조금 남겨둔 상황, 즉 발등에 불이 떨어지기 직전임을 인식하면, 놀라운 능률로 일을 해결하게 되는 현상을 말합니다. 저도 이 책을 쓰면서, 한동안 집필을 미루다가 출판사에 원고를 보내야 하는 시일에 이르러서야 글을 빠르게 써 내려갔답니다.

(1) 오늘 실천할 수 있는 사소한 선택을 한 가지 적어보세요.
ex. 저녁 메뉴, 무엇을 입고 나갈지 등

(2) 지금 결정을 미루고 있는 일이 있나요? 그 이유가 무엇인가요?

(3) 2번 내용을 토대로, 각 선택지의 장단점을 적어보세요.

	이 결정을 했을 때 **장점**	이 결정을 했을 때 **단점**
결정 A		
결정 B		
결정 C		

낮은 자존감,
어떻게 높이나요?

'내 맘대로 퀴즈'를 내겠습니다.

전 세계에서 가장 오랜 시간 가야 하는 여행지는 어디일까요? 아마존? 남극?

아닙니다. 정답은 바로 사람의 머리와 가슴 사이입니다. 머리에서 가슴까지 거리는 기껏해야 30여 센티미터지만, 이동하는 데는 평생이 걸릴 수도 있다는 이야기를 읽은 적이 있습니다.

제게 이런 고민을 나누는 사람이 많습니다.

"머리로는 하나님이 나를 사랑하신다는 걸 알겠는데, 마음으로는 안 느껴집니다. 어떻게 하면 좋을까요?"

저 역시 같은 고민이 있었습니다.

'어떻게 하면 하나님의 사랑을 마음으로 느낄 수 있을까? 다른 사람의 사랑을 어떻게 내 마음으로 느낄 수 있을까?'

처음 "하나님께서 당신을 사랑하십니다"라는 말을 들었을 때는 감동적이었는데, 점점 그분의 사랑을 깊이 느끼지 못하는 것 같아서 안타까웠습니다. 그런데 많은 사람이 저와 같은 고민을 한다는 사실을 알게 되었지요.

머리로 아는 그 사랑을 가슴으로 느끼는 방법에 대해 '자존 감'이라는 주제로 풀어보겠습니다.

자존감이란 무엇일까요?

말 그대로 자신을 존중하고 사랑하는 마음, 곧 '자기 수 용감'입니다. 자신의 심리적, 신체적, 행동적 특성을 비판하거나 왜곡하지 않고 있는 그대로 인정하며 받아들이는 '자기 수용'(Self-acceptance)은 정말 중요합니다.

이때 '수용'(受容)이란 자신의 장점뿐 아니라 단점도 받아들이는 걸 말합니다. 완벽하지 않고 불완전하며 모순덩어리인 자신을 받아들이는 과정을 말하지요. 우리는 보통 내 삶의 '빛'이라고 여기는 건 좋아하며 자랑하지만, '그림자'라고 여기는 어두운 면은 싫어하며 감춥니다.

그러나 빛은 항상 그림자를 동반합니다. 사람은 장단점을 동시에 갖고 있지요. 그런데 장점은 좋아하지만 단점을 싫어하면, 내 삶의 일부만을 사랑하는 것이기에 결핍과 스스로에 대한 부정적 감정을 느끼게 됩니다. 단점이라고 생각하는 부분까지 수용해야 온전히 자신을 사랑할 수 있습니다.

감정도 마찬가지예요. 우리는 긍정적 감정만 좋아하고 부정적 감정은 싫어합니다. 기쁨과 즐거움은 좋아하지만, 슬픔과 분노는 거부하고 통제하려 하지요. 그러나 실제로 사람은 희로애락(喜怒哀樂)을 모두 느낄 때, 진정 행복하고 즐겁습니다.

친구와 함께 슬퍼할 수 있음도 깊은 기쁨이고, 분노를 통해 나만의 가치를 삶에서 이루어 가는 것 또한 진정한 즐거움입니다. 내 장점만 사랑하고, 기쁘고 즐거운 내 모습만 사랑하는 건 반쪽짜리 사랑입니다. 슬프고 화나는 부정적 감정도 수용하는 것이 진정한 자기 사랑이지요.

성경은 "네 이웃을 네 자신과 같이 사랑하라"라고 말씀합니다. 이는 자기를 온전히 사랑할 수 있는 사람이 타인도 사랑할 수 있다는 뜻입니다. 자신의 반쪽만 사랑하고 반쪽은 미워하는 사람이 타인을 온전히 사랑할 수 있을까요! 그래서 진정한 사랑은 '자기 수용'에서 비롯됩니다.

자기 수용을 실행하는 세 가지 방법을 알려드리겠습니다.

첫째, 감정 일기 쓰기

자신의 감정을 있는 그대로 받아들이기 위해 '감정 일기'를 써 보세요. "그냥 일기 쓰기 같은 건가요?"라고 많이들 묻습니다. 네, 비슷합니다. 다만 일기가 하루의 일이나 가벼운 느낌을 적는 것에 가깝다면, 감정 일기는 내 생각과 감정, 마음에 초점을 맞추어 적어보는 겁니다. 그 과정에서 어려움이 있을 수 있습니다.

'내가 이런 생각을 하다니, 이런 감정을 느끼다니!'

이렇게 자책하는 거지요. 그러면 외면하고 싶은 내 생각과 감정을 적지 않고 무시하게 됩니다. 하지만 감정 일기 쓰기는 샤워하는 것과 비슷합니다. 샤워할 때 우리는 물로 몸을 씻습니다. 씻겨나가는 때를 보면서 괴로워하지 않고 그냥 흘려보내지요. 마찬가지로, 감정 일기에도 내 생각과 감정을 있는 그대로 적는 겁니다. 그중에는 과격하거나 부끄러운 생각, 마주하기 싫은 감정도 있을 겁니다. 하지만 글자로 적으면서 씻어내는 거지요.

종교개혁자 마틴 루터도 "새들이 머리 위로 나는 것은 막을 수 없지만, 머리에 둥지를 트는 것은 막을 수 있다"라고 말했습니다. 이처럼 우리의 생각과 감정이 지나가는 것을 흘려보내는 한 방법이 감정 일기 쓰기입니다.

가끔 친구가 너무 싫을 수도 있고, 부모님이 미울 수도 있습니다. 그냥 감정과 생각이 그렇다는 겁니다. '사랑은 양가(兩加)감정'이란 말이 있지요. 누군가를 너무 사랑하는데 동시에 너무 미울 수 있어요. 이럴 때 자신의 정리되지 않는 마음을 감정 일기란 도구에 적고 흘려보내세요.

혹시 이 내용을 누가 볼까 봐 불안하다면 찢어 없애거나 파쇄해도 좋습니다. 그저 샤워하듯이 내 마음을 씻어내고 정리하는 거지요. 억누르거나 모아두면 오히려 이 감정이 사라지지 않고 나를 장악합니다. 그러면 더 괴롭고, 감정을 억누르는 데 많은 에너지를 쓰게 되지요.

둘째, 믿을 만한 사람에게 내 마음을 이야기하기

누군가에게 안심하고 내 이야기를 나누는 건 자기 마음을 수용하는 중요한 일입니다. 그 장소가 가정이면 제일 좋겠지만, 그것이 어려우면 내 이야기를 소문내거나 판단하지 않고 들어줄 신뢰할 만한 사람(선생님, 목사님, 친구 등)에게 마음을 나눠보세요.

다만 경청이 익숙지 않은 사람은 '사랑'이란 의도로 내게 원치 않는 조언을 하거나 나를 섣불리 판단할 수 있습니다. 그로 인해 오히려 상처받을 수 있으니 조심해야 합니다.

셋째, 나에게 위로의 말 해주기

지금 잠깐 머릿속으로 당신이 아끼고 사랑하는 한 사람을 떠올려 보세요. 아내, 남편, 자녀, 부모님, 친구, 선생님 다 좋습니다. 가상의 인물도 괜찮습니다. 떠올렸으면, 이제 한번 상상해 보세요.

그는 내 삶을 잘 알고 깊이 이해하고 공감합니다. 내가 잘되기만을 바랍니다. 나를 섣불리 판단하거나 함부로 말하지 않습니다. 그가 내 마음 상태를 헤아리며 격려와 조언을 해줍니다. 나를 깊이 사랑하는 그가 지금 내게 뭐라고 격려해 주나요? 상상하며 적어보세요.

_____

_____

그렇군요. 그렇게 말해주는군요! 이 말이 내게 어떻게 다가오나요? 듣고 싶었던 말인가요? 내 마음에 힘이 되고 나를 위하는 말처럼 느껴진다면, 이 말을 자신에게 매일 해주세요.

"○○야, 매 순간 노력하고 애쓰는 너를 늘 응원해! 고맙다. 이렇게 열심히 살아주어서…."

당신에게 이렇게 말해주는 부모님이 있나요? 그렇다면 당신은 복 받은 사람입니다. 제가 그동안 수많은 사람을 만났지만, 이런 이야기를 해주는 부모를 둔 사람은 그리 많지 않았습니다. 안타깝지만, 사랑이란 이름으로 "너는 대체 왜 그러니!", "한심하다", "너 때문에 못 살겠다!" 등의 말을 들으며 자란 사람이 훨씬 많았지요. 이런 사람은 성인이 되어 부모가 돌아가셔도 자기 자신에게 "난 대체 왜 이럴까?", "내가 너무 한심하다", "이렇게 살 거면 진짜 살기 싫다" 등의 말을 습관처럼 뱉으며 살아갑니다. 얼마나 슬픈가요!

우리는 나의 '두 번째 부모'가 되어주어야 합니다. 나를 사랑하고 수용하는 연습을 시작해야 해요. 처음에는 어색하고 닭살이 돋을 수 있지만, 이 말을 듣는 나의 내면은 조금씩 위로받고 안심할 것입니다.

하나님 아버지께서 당신에게 말씀하십니다.

"내가 너를 사랑한다."

잠시 눈을 감고 하나님의 음성을 들어보세요.

"사랑한다, 내 아들아! 내 딸아, 사랑한다!"

1 살면서 들었던 기억에 남는 칭찬은 무엇인가요? 떠오르지 않는다면, 지금 내게 해줄 작은 칭찬들을 적어보세요.

2 오늘 나는 어떤 상황에서 어떤 감정을 느꼈나요? 부정적이든 긍정적이든 상관없어요.

3 나의 두 번째 부모가 되어 나를 향한 위로와 격려의 말을 적어보세요.

나는 내가 싫어요,
나를 사랑할 수 있을까요?

"내가 너무 싫다. 나를 사랑할 수 있을까?"

이런 말을 한 번쯤 속으로라도 뱉어본 적 있나요? 누군가는 가끔 해봤을 겁니다. 특별히 큰 잘못을 한 것도 아니고, 엄청난 실패를 경험한 것도 아닌데 말입니다. 저도 그랬어요.

저는 많이 내향적인 편입니다. 어렸을 때는 이런 성격이 싫었습니다. 수줍음이 많고 사람들과의 관계도 늘 어려웠으니까요. 내 원함을 말하기도 쉽지 않고, 사람들 앞에서 내 감정을 표현하는 것도 늘 조심스럽고 두려웠지요.

그런 저 자신이 답답했어요. 외향적이고 관계를 쉽게 맺는 친구들이 무척이나 부러웠지요. 그들은 언제나 사람들 속에 자연스럽게 녹아들었고, 주위로부터 관심과 사랑을 받는 모습이 눈에 띄었습니다. 그런 모습을 볼 때마다 생각했지요.

'나는 왜 이렇게 소심하고 내향적인 성격을 타고났을까? 왜 사람들 앞에서 편하게 말하는 것조차 어려울까?'

이런 생각이 저를 괴롭혔습니다. 스스로에 대한 부정적 감정이 점점 깊어졌지요. 남들과 나를 비교하며 내 모습을 부족하게만 여겼습니다.

이런 생각을 하는 이유는 다양합니다. 잘난 친구와 나를 비교할 때 초라해지고, 부모님의 기대에 미치지 못한다는 생각이 들 때 움츠러들고, SNS 속 완벽해 보이는 사람들에 비해 내 삶은 보잘것없게 느껴지는 등 내가 나를 부정하고 싶은 순간은 인생에 종종 찾아오기 마련이지요.

고등학생이 된 수연이(가명)는 성적이 항상 중위권에 머물렀습니다. 성적이 좋은 친구들은 늘 칭찬을 받았고, 학원에서도 그들에게 더 관심을 주는 것 같았지요. 수연이는 나름대로 열심히 노력했지만, 성적은 그만큼 오르지 않았어요. 그러다 보니 친구들과 점점 실력 차이가 날까 봐 불안했고, 자신이 더 초라하게만 느껴졌습니다.

'나는 왜 이렇게 공부를 못 할까?'

수연이는 자신에게 계속 물었습니다. 최선을 다해도 결과가 만족스럽지 않자, 결국 '나는 무능해'라고 생각하게 되었지요.

자신이 싫어지기 시작한 겁니다.

사실 이런 문제는 매우 흔합니다. 누구나 자신보다 잘하는 사람을 보면 비교하게 되고, 자신을 낮게 평가하기도 합니다. 이런 생각은 특히 청소년, 청년 시기에 많이 나타납니다. '나는 누구인가? 나는 무엇을 잘하는가?'를 고민하는 시기이기 때문입니다. 하지만 이것이 계속되면 스스로에 대한 부정적 생각이 극대화될 우려가 있습니다.

우리는 왜 자신을 미워하게 될까요?

자기를 미워하는 행동을 '자기 비하'라고 합니다. 자신을 낮추고 자신에게 부정적 평가를 내리는 거지요.

자기 비하의 이유는 다양한데, 가장 큰 원인 중 하나는 '사회적 비교'입니다. 자신을 타인과 비교하는 걸 말하지요. 우리는 누구나 자신이 어느 정도 수준인지 알기 위해 주변 사람들과 자신을 비교합니다. 이건 자연스러운 일이에요. 하지만 사회적 비교가 지나치면, 타인의 장점만 보이고 자신의 단점만 보입니다. 결국 '나는 왜 저 사람처럼 못 하지?'라는 비관에 빠져 자신을 미워하게 되지요.

또 다른 이유는 부모나 주변 사람들의 '과도한 기대'입니다. 당연히 모든 부모는 자녀에게 기대합니다. 하지만 그 기대가 너무 높거나 혹은 자녀가 원하는 것과 다른 방향일 때, 그 기대에 부응하지 못하는 자녀는 자신을 무가치하게 느낍니다.

'나는 부모님의 기대에 미치지 못하는 부족한 사람이야.'

이런 생각이 반복되어 자신을 점점 더 미워하게 되지요.

'미디어와 SNS'도 자기 비하에 큰 영향을 미칩니다. 실제로 그렇지 않은데도 다른 사람들은 모두 나보다 나은 삶, 행복한 삶을 살고 있다고 느끼게 하니까요. 이 또한 자기 비하로 이어질 수 있습니다.

그런데 그거 아세요? 사실 나를 미워하는 이유는 '나를 너무 사랑해서'라는 것을요. 우리는 나를 너무 사랑해서 잘되기를 바라는 마음에 나를 미워합니다. 사랑이라고 착각하고 미워하는 겁니다. 사랑하는 방법이 잘못된 거지요.

흔히 우리는 두 가지 잘못된 기대로 자신을 미워합니다.

첫째, '내가 다른 존재가 되면' 행복할 거라고 기대합니다.

나는 거북이인데, 토끼가 되어 땅에서 잘 달려 1등을 하면 행복할 거로 생각합니다. 그래서 거북이인 나를 자꾸 미워하면서 토끼처럼 되길 바라지요. 자신은 빨대인데 컵을 부러워하면서 물을 담지 못하는 자신을 싫어합니다. 반대로 컵은 빨대를 부러워하면서 제 몸에 구멍을 뚫으려고 노력하지요.

이렇게 우리는 내가 아닌 다른 존재가 되면 행복하고 사랑받을 것으로 기대하며 자신을 끊임없이 미워하곤 합니다. 다른 존재가 되라고 자신을 압박하는 어리석음을 범하지요.

둘째, '빨리 성장하길' 기대합니다.

생명체의 성장 속도는 다 다릅니다. 예를 들어, 해바라기는 빠르게 자라는 한해살이 식물입니다. 적절한 환경에서는 몇 달 만에 성숙하여 꽃을 피우지요. 그런데 바오바브나무는 성장이 매우 느린 나무 중 하나입니다. 수백 년에 걸쳐 자라나며 수령이 천 년이 넘은 나무도 있을 정도로 오래 삽니다.

이렇듯 성장 속도가 제각각인데, 만일 빨리 성장해서 빨리 결실하기만을 기대한다면 어떻게 될까요? 자신을 미워하게 됩니다. 자신의 속도대로 한 걸음씩 걸어야 하는데 말입니다.

저는 최근에 근력 운동을 시작했습니다. 운동을 마치면 매일 거울 앞에 서서 몸의 아주 작은 변화를 관찰합니다. 팔에 힘을 주면서요. 그런데 자꾸 이런 생각이 듭니다.

'왜 이렇게 근육이 빨리 안 생기는 거야? SNS에서 본 다른 선수들은 근육이 엄청나던데.'

운동을 시작한 지 몇 개월 되지도 않았는데 이런 생각을 한

다니, 조금 우습지 않나요? 맞습니다. "천 리 길도 한 걸음부터"라는 속담이 있듯이 우리는 우리의 속도대로 한 걸음 한 걸음 노력해서 성장해야 합니다. 그래야 탈이 나지 않아요. 한두 걸음에 천 리 길을 가길 기대하는 건 잘못입니다.

'내가 아닌 다른 존재가 되길', '빨리 성장하여 결과를 얻길' 기대하는 건 잘못된 사랑의 방식입니다. 종종 부모가 자녀를 너무 사랑해서 이런 잘못된 기대를 하기도 합니다. 그러나 이를 기반으로 한 사랑은 자신을 비롯하여 모두에게 고통을 줍니다. 그렇다면 나를 싫어하는 감정을 극복하려면 어떻게 해야 할까요? 네 가지 방법을 소개하겠습니다.

1) 비교 말고 감사하기

비교를 의식적으로 줄이는 노력이 필요합니다. 비교는 하나의 문화이며 습관이기 때문입니다. 사실 엄연히 따져보면, 각자 다른 환경과 배경에 있으므로 그와 나를 비교하는 건 아무런 의미가 없습니다. 그의 장점은 그의 것이고, 나의 장점은 내 것입니다. 나는 내게 주어진 상황과 환경에서 나만의 속도와 목표를 정하고, 거기에 집중하면 됩니다.

비교는 내게 없는 것을 찾는 행위입니다. 반대로 감사는 내게 있는 것을 찾는 행위지요. 그래서 감사가 중요합니다. 성경도 감사를 강조합니다.

범사에 감사하라 이것이 그리스도 예수 안에서 너희를 향하신 하나님의 뜻이니라 살전 5:18

감사란 하나님 안에서 내가 누구인지를 찾는 행위입니다.

2) 나를 있는 그대로 받아들이기

나의 단점이 무엇인지, 나의 어떤 점이 마음에 들지 않는지를 생각해 보는 건 중요합니다. 하지만 그것에 매몰되기보다 인정하고 개선하려는 노력이 필요하지요. 완벽한 사람은 없습니다. 중요한 건, 내 부족한 부분을 알고 조금씩 나아지려 노력하는 거예요. 그리고 지금껏 자신의 단점을 열심히 찾았다면, 장점도 열심히 찾아주는 것이 공평합니다.

예를 들어, 자신의 성격이 내성적이고 소심해서 답답한가요? 실제로는 배려심이 깊고 섬세한 감각을 가진 것일 수 있습니다. 이는 큰 장점이지요. 또 자주 실패하고 실수해서 자신이 한심하게 느껴지나요? 어쩌면 다른 사람보다 더 많이 도전해서 그런 것일 수 있습니다. 시도하지 않으면 실수도 하지 않을

테니까요. 이처럼 자신의 장점과 약점을 공평하게 생각해 보길
바랍니다.

3) 긍정적 자기 대화 연습하기

우리는 종종 자신에게 너무 가혹합니다. 작은 실수에도 "또
이러네! 아우, 한심해" 또는 "난 왜 이럴까? 너무 못한다"라고
말하는 사람을 많이 봅니다. 저도 그런 것 같고요. 하지만 그
보다는 "그래, 실수할 수 있어! 다음엔 더 잘해보자" 혹은 "별
거 아냐, 잊어버려!"라고 말해보세요.

자신을 핀잔주거나 부정적으로 밀어붙이기보다는 사랑하고
안아주는 긍정적 자기 대화가 자신을 더 존중하고 사랑하게
만들며, 실제로 더 좋은 결과를 가져다준답니다.

4) 소셜 미디어 휴식

SNS는 대표적인 비교의 공간입니다. 내게 없는 것을 상대에
게서 발견하는 공간이지요. 재미있고 유익할 수 있지만, 종종
불필요한 비교와 자책을 갖게 합니다. 그래서 SNS에서 잠시 벗
어나, 현실의 나와 마주하는 시간이 절대적으로 필요합니다.
나 자신에게 집중하는 시간을 가짐으로써 내 진짜 모습에 더
가까워질 수 있지요.

나를 미워하는 감정은 누구나 겪습니다. 하지만 그 감정에 너무 깊이 빠지지 않도록 나 자신을 있는 그대로 이해하고, 긍정적 시선으로 바라보는 연습을 하는 게 중요합니다. 그런 노력이야말로 진정한 성장의 시작이니까요. 그리고 무엇보다도 당신 자체로 충분히 가치 있는 존재라는 사실을 꼭 기억하세요!

저도 시간이 지나면서 깨달았습니다. 모든 성격에는 나름의 장점이 있다는 것을요. 제 내향적인 성격 덕분에 조용히 혼자만의 시간을 즐기며 나에 대해 깊게 생각하고 내면을 들여다보는 힘을 기를 수 있었습니다. 비록 여러 사람과 어울리는 것이 힘들 때도 있지만, 진심 어린 관계를 맺는 데는 제 조용함과 신중함이 더 깊은 이해와 공감을 자아냈지요.

그래서 지금은 내향적인 저를 받아들이고 있습니다. 내 성격이 내가 성장하고 성숙하는 과정에서 중요한 역할을 하며, 나를 나답게 만드는 중요한 요소임을 알게 됐지요. 저를 받아들이고 나니 사람들과의 관계도 한결 편해졌습니다. 제가 상대방의 이야기를 잘 들어주니 그도 저를 더 사랑해 주었습니다. 이제는 제 이야기를 하는 것도 즐기게 되었지요.

관계가 꼭 어렵기만 한 게 아니더군요. 내가 말하고 싶을 때 말하고, 다른 사람의 말도 잘 들어주는 것이 관계입니다. 그래

서 이젠 관계를 잘하는 사람이 되었습니다. 아니, 원래부터 잘
했는데, 외향적인 친구들처럼 요란하게(?) 관계를 맺어야 한다
는 편견이 있었는지도 모르겠습니다.

당신은 자신을 어떻게 생각하나요?

앞서 이야기 나눈 것처럼, 당신은 다른 사람이 될 수 없습니
다. 그러니 자신으로부터 출발해 보았으면 합니다. 조금씩 자
신을 받아들이고 자신에게 있는 것을 발견하세요. 천천히 한
걸음씩 자신과 가까워지길 응원합니다.

코칭 가이드

(1) 최근에 감사했던 일을 떠올리며, 감사 제목 세 가지를 하나
님께 올려드리세요.

(2) 나의 장점을 다섯 가지 적어보세요. 혹은 단점이라고 생각했
던 부분에서 장점을 발견해 보세요.

(3) 자신에게 격려와 사랑이 담긴 편지를 써보세요.

ex. ○○아, 요즘 힘들지? 그럼에도 맡은 일에 충성하는 네가 자랑스러워.

잘하든 못 하든, 넌 정말 소중한 존재야. 많이 사랑해.

지독한 게으름,
어떻게 벗어나나요?

게으름이 단순히 의지 부족 때문만은 아닙니다.

저는 사람들의 행동 변화를 돕는 라이프코치로서 개인의 의지만을 믿지는 않습니다. 때로는 우리가 처한 상황이나 마음 상태 그리고 생각하는 방식에서 게으름이 비롯되기 때문이지요. 게으름을 극복하기 위해서는 자신을 깊게 들여다보고, 문제의 원인을 파악하는 게 중요합니다.

게으름은 다양한 이유로 생겨납니다. 명확한 목표가 없을 수도 있고, 스트레스를 많이 받는 상황에 놓여 있거나, 일을 시작하기 전 압박감과 두려움이 있을 때 쉽게 행동을 미루기도 합니다. 그래서 게으름을 해결하기 위한 첫걸음은 '자신이 왜 행동하지 않는지'를 이해하는 거지요.

'내가 또 왜 이러나' 하며 자신을 비난하지 말고, 내 행동 패턴, 욕구, 필요를 이해하고 그것을 채우거나 해소한 뒤에 실천으로 옮길 방법을 찾아야 합니다.

그런데 의외로 완벽주의자가 게으르다는 사실을 아나요? 완벽주의자는 '완벽하지 않으면 의미가 없다'라는 결과에 대한 압박 때문에 실행을 미루는 경우가 많습니다. 완벽해야 하고 너무 잘해야 한다는 생각에 실패에 대한 두려움이 커서 시도조차 못 하곤 하지요. 이런 부담감이 행동하지 못하게 하고 미루게 만듭니다. 완벽을 추구할수록 실수가 두렵기에 '아예 하지 않음'을 선택하는 겁니다. 그것이 게으름으로 보이는 거고요.

이를 극복하기 위해서는 '완벽한 열 걸음'이 아닌 '한 걸음'에 집중하며 작은 성공을 통해 자신감을 쌓아가는 게 중요합니다.

게으름을 실행으로 바꾸기 위한 세 가지 방법을 제안합니다.

첫째, 작은 목표 세우기

많은 사람이 자신에 대해 너무 높은 기준을 갖고 있습니다. 동시에 아주 큰 목표를 세우지요. 하지만 목표가 클수록 부담감도 크고, 시작하기조차 어렵습니다. 반면에 작은 목표를 세우고 하나씩 달성해 가는 방식은 실행력을 높이는 데 도움이 됩니다.

예를 들어, 20년 후에 훌륭한 사람이 되고자 한다면, 내가 원하는 그 모습을 80점 정도라고 상상해 보겠습니다. 현재 내 점수는 40점입니다. 그럼 40점 차이가 나지요. 보통은 40점이나 떨어지는 자신을 비난하고 한심하게 여깁니다. 41점이 되어도 아직 39점이나 부족한 내가 싫고, 50점이 되어도 여전히 30점이 부족한 내가 싫습니다. 그러다 보면, 실행조차 하기 싫어집니다.

그런데 이렇게 생각해 보면 어떨까요? 20년 동안 40점을 올리려면 10년에 20점을 올리면 되고, 1년에 2점, 6개월에 1점, 3개월에 0.5점, 1개월에 0.1666…점, 1주에 0.04점만 올리면 됩니다. 부담이 많이 줄지요? '음! 조금은 해볼 수 있겠는데'라고 생각하게 됩니다. 이처럼 '20년 단위 목표'와 같은 장기 목표와 함께 한 달 혹은 일주일 단위로 작은 목표를 세우고 실행하는 것이 중요합니다.

둘째, 두려움과 친구 맺기

'내가 잘할 수 있을까?', '또 실패하는 건 아닐까?', '실수하면 어쩌지?', '사람들이 나를 어떻게 생각할까?' 등의 많은 두려움과 복잡한 생각이 나를 괴롭힙니다. 이런 감정과 생각은 누구에게나 있을 수 있습니다. 그러니 '왜 나는 이런 생각과 감정이 가득할까' 하고 자책하기보다는 '그럴 수 있어'라고 받아들이며, 내 마음의 소리를 잠잠히 들어주세요.

그리고 이런 생각과 감정을 '나를 걱정하는 친구'라고 생각해 보세요. 나를 걱정하고 불안해하는 친구에게 어떻게 하나요? 자꾸 타박하거나 무시하거나 함께 불안해하면, 그 친구는 더 불안해하고 불만이 가득할 겁니다. 이런 친구와는 일단 밥부터 같이 먹고, 친구의 이야기도 잘 들어주면 그의 마음이 한결 나아질 거예요.

내 마음도 마찬가지입니다. 불안과 두려움을 멀리하기보다는 친하게 지내고 위로해 준다고 생각하면 좋습니다. 아예 무시하거나 완전히 동화되어 그 감정에 휩싸이지도 마세요. 그저 인정해 주고 잘 관리한다는 생각으로 함께 밥도 먹고, 산책도 하고, 재밌는 것도 해보길 바랍니다. 그러면 어느새 불안과 두려움이 잦아들 거예요.

이렇게 내 마음과 친해지고 나면, 새로운 생각이 떠오르기 시작할 겁니다. 내 두려움의 경험을 바탕으로 다른 사람을 이해하고, 그들을 위한 무언가를 시도해 볼 수도 있습니다. 내가 겪었던 불안과 두려움을 활용해 의미 있는 일을 하는 거지요. 이를테면, 위로와 공감의 글을 SNS나 블로그에 적기, 내가 느꼈던 감정이나 극복 방법을 공유하기 등을요.

셋째, 습관으로 만들기

'관성'이란 물체가 현재의 운동 상태를 계속 유지하려는 성질입니다. 외부로부터 힘이 가해지지 않는 한, 정지해 있는 물체는 계속 정지해 있고, 운동하고 있는 물체는 계속 운동하려 하지요. 이 관성의 개념과 비슷한 것이 습관입니다.

습관은 마치 관성처럼 이미 익숙한 행동을 반복하게 합니다. 한 번 만들어진 습관은 계속 그 상태를 유지하려는 성질이 있기에 바꾸려면 더 큰 에너지가 필요하지요.

그러나 에너지를 들여 습관을 바꾸면, 새로운 행동을 자연스럽게 이어가게 됩니다. 새로운 습관에 대한 관성이 생기기 때문이에요. 하지만 새로운 습관을 만들려면 처음에는 큰 에너지가 필요합니다. 마치 정지한 물체를 움직이기 위해 초기에 더 큰 힘이 필요한 것처럼 말이지요. 그래서 처음에 습관을 만들다가 포기하는 경우가 많아요.

어떤 습관이냐에 따라 습관 형성에 걸리는 시간은 제각각이지만, 일반적으로는 21일에서 66일 정도가 필요하다고 합니다. 그리고 일단 습관이 형성되면 이후에는 큰 노력이나 의지 없이도 유지할 수 있습니다.

그래서 '초반 힘든 시기를 어떻게 지날 것인가'가 중요해요. 좋은 습관을 형성하는 건 올바른 방향으로 관성을 만드는 것과 같습니다. 처음에는 힘들지만, 시간이 지나면 그 습관이 나를 원하는 방향으로 이끌어 주지요.

게으름의 반대는 '성취감'이라는 생각이 듭니다.

저는 최근 몇 년간 25킬로그램 정도를 감량하고 식습관을 개선했습니다. 이전에는 한밤중에 치킨을 즐겨 먹고, 탄산음료를 많이 마셨습니다. 이런 습관을 하루아침에 고친다는 건 정말 불가능해 보였지요. 하지만 건강해져야겠다는 결심이 서면서, 큰 변화는 아니어도 작은 노력부터 실천에 옮기기 시작했습니다.

콜라는 제로 콜라로 바꾸었고, 배고픈 건 못 참아서 배부르게 먹되 건강한 음식으로 바꿔나갔지요. 라면도 건면이나 보다 건강한 제품을 찾았고, 과자 섭취에도 제한을 두었습니다. 운동도 처음에는 욕심내지 않고 집 앞 산책로를 일주일에 1번 30분 내외로 걷기 시작했어요. 집 밖으로 나오기 전까지는 너무 싫었는데, 막상 나와서 걸으면 무척 상쾌했습니다. 그동안 걸으러 왜 안 나왔나 싶을 정도였지요.

그렇게 식습관을 바꾸며 운동도 하자 처음에는 살이 쭉쭉 빠졌습니다. 점차 재미도 생기더군요. 그런데 8킬로그램 정도 빠지자 더 이상 안 빠지더라고요. '난 해도 안 되나'라는 생각이 들기도 했지만, 재미를 들인 김에 계속했습니다. 피트니스 센터에 등록하여 운동도 배워보고, 욕심을 내다가 다치기도 하고, 그렇게 몇 년간 시행착오를 거치면서 25킬로그램을 감량했지요. 이전에 만났던 사람들은 살 빠진 저를 못 알아보기도 하고, 대단하다고 칭찬도 해주었습니다.

그런 작은 칭찬이 제게 성취감을 주었지요. '나도 해낼 수 있구나'라는 자신감이 삶의 다른 영역에도 큰 영향을 주었습니다.

당신도 원대한 목표와 완벽한 결괏값만 바라며 주춤거리기보다, 작은 목표를 세워 꾸준히 실천하며 성취감을 얻어보세요. 성취감과 자신감이라는 동력이 또 다른 목표를 향해 나아갈 발판이 되어줄 거예요.

코칭 가이드

1 내가 특히 게으른 영역을 찾아보세요. 내 행동 패턴 안에 어떤 욕구와 두려움이 숨어 있나요?

2 게으름을 개선할 작은 목표를 하나 정해보세요. 단, 목표의 실행 가능성이 80퍼센트를 넘어야 해요.

3 위 목표를 점검해 줄 사람을 정해서 도움을 받으며 꾸준히 실천해 보세요.

자꾸 선 넘는 사람,
어디까지 참아야 하죠?

"모두와 사이좋게 지내라."

어릴 적부터 많이 들은 말입니다. 학교와 가정, 어느 공동체에 속하든 사회 전반에서 모두와 잘 지내야 한다고 배웠지요. 그러나 과연 그것이 가능할까요? 그리고 꼭 그래야 할까요?

모두와 사이좋게 지낸다는 말은 겉으론 참 좋아 보이고 이상적인 이야기입니다. 더불어 살아가기 위해 꼭 필요한 가치로 보이지요. 하지만 현실에서 모든 사람과 좋은 관계를 유지하기란 쉽지 않습니다. 사람마다 성격, 가치관, 경험이 다르기에 서로의 차이를 완벽하게 이해하고 존중하는 건 어렵습니다. 어려울 뿐 아니라 불가능하지요.

또한 누군가가 내게 반복적으로 기분 나쁜 행동을 하거나 내 기준과 경계를 넘어서는 행동을 한다면, 그와 관계를 유지하기 위해 무조건 참아야 할까요? 나를 계속 비판하거나 불쾌하게 하는 이의 행동에도 반응하지 않고 넘어가야 할까요?

차가 쌩쌩 다니는 도로를 운전할 때 중요한 건 신호를 지키고 중앙선을 침범하지 않는 겁니다. 또 차선 변경 시에는 미리 신호를 주고 조심스럽게 둘러보며 변경해야 합니다. 인간관계도 마찬가지예요. 나와 다른 수많은 사람의 생각, 주장, 가치가 충돌하는 관계 속에서 서로 경계를 지키는 게 무엇보다 중요합니다.

명절에 친척들과 모여 윷놀이를 하다 보면 가끔 시끌시끌해집니다. 윷이 깔개 끝에 걸렸는데 "이건 무효다!", "아니다, 우리 동네는 그런 규칙이 없다" 하면서 말이지요. 그냥 웃으며 넘어갈 수도 있지만, 게임을 즐겁게 하려면 모두가 동의하는 명확한 규칙이 필요합니다. 그 규칙이 모두에게 확실하게 공유되고 인식되어야 하며 예외 없이 적용되어야 하지요. 만일 규칙이 모두에게 알려지지 않거나 공정하게 적용되지 않으면, 게임은 혼란에 빠지고 즐겁지도 않을 겁니다.

사회에서도 마찬가지입니다. 사회적 규칙과 경계가 없다면, 혼란과 다툼이 일어날 겁니다. 이처럼 관계에도 명확한 '경계'와 '규칙'이 필요해요. 내가 감정적으로 상처받지 않고, 상대방도 나의 경계를 존중하도록 하려면, 분명한 선이 필요합니다.

'경계 설정'은 건강한 관계를 유지하는 데 매우 중요합니다.

많은 심리학자가 경계 설정(boundary setting)이 자아 존중감을 지키고, 자신을 보호하는 중요한 수단이라고 강조하지요. 경계가 없으면 우리는 타인에게 끊임없이 에너지를 빼앗기고, 결국 자신을 소진하게 됩니다.

관계 가운데 경계를 설정하는 것은 관계를 어색하거나 멀어지게 하는 게 아닙니다. 경계를 잘 설정하면 관계에서 오는 스트레스를 줄일 수 있고, 서로를 더욱 존중하는 관계로 발전할 수 있습니다.

모든 사람과 사이좋게 지내야 한다는 부담은 오히려 정신 건강에 해로울 수 있습니다. 그것은 현실적으로 불가능하며 그럴 필요도 없지요. 중요한 건 서로 존중하며, 건강한 경계를 설정하고, 필요할 때는 "안 돼"라고 말하는 용기를 내는 겁니다. 예를 들어, 직장이나 학교에서 만나는 사람들이 모두 나와 잘 맞는 건 아닙니다. 이럴 때 무리하게 모든 사람과 친해지려 노력하기보다는, 나와 가치관이 맞고 서로에게 긍정적 영향을 줄 수 있는 사람과 관계를 맺는 게 더 중요합니다. 동시에 나와 맞지 않는 사람과는 분쟁이나 갈등 없이 관계를 유지할 방안에 대한 고민이 필요하지요.

다음은 관계에서 건강하게 경계를 설정하는 세 가지 방법을 알아보겠습니다.

첫째, 내 감정을 인정하고 받아들이기

누군가의 행동이 불쾌하고 기분 나쁘다면, 그 감정을 부정하거나 자책하지 말고, 그런 감정이 생겼다는 것을 받아들이는 겁니다. 이때 자신의 감정을 종이에 바로 적어보는 것도 좋은 방법입니다.

예를 들어 "친구가 사람들 앞에서 나에 대해 놀리듯 이야기해서 기분이 좋지 않다", "상사가 나를 지적할 때마다 움츠러들고 자신감이 떨어진다", "엄마의 꾸중에 자책하는 마음이 든다" 이런 식으로 특정한 순간에 어떤 감정을 느꼈는지를 세세하게 적으며 마음을 정리해 보세요. 그러다 보면 감정을 통해 나의 욕구와 가치를 발견하며, 내 마음을 정확히 마주할 수 있습니다.

둘째, 감정 표현 연습하기

상대가 반복해서 내 경계를 넘으며 기분 나쁘게 행동한다면, 부드럽지만 단호하게 말하세요. 말하기 어려운 사람이라면 미리 할 말을 적어보고 연습하는 것도 좋습니다.

무엇을 말해야 할까요? 예를 들어 "너 진짜 나쁘다"라고 말하는 것은 상대의 감정도 상하게 하고 싸움만 일으킬 뿐입니다. 그보다는 상황, 감정, (상대에게 바라는) 행동을 구체적으로 말해보세요. 머리글자를 따서 상! 감! 행! 예를 들어볼게요.

1. 상황 : 네가 아까 친구들 앞에서 내게 장난을 쳤잖아.
2. 감정 : 그때 내가 창피하고 부끄러웠어.
3. 행동 : 둘이 있을 때는 괜찮은데, 많은 사람이 있을 때는 장난을 자제해 주면 좋을 것 같아.

셋째, 관계에 대해 다시 생각해 보기

내 감정을 표현해도 상대가 받아들이지 않을 때는 어떻게 해야 할까요? 내 마음의 경계를 지켜주지 않는 관계를 지속하면 마음이 상하고 나중에는 관계마저 틀어질 수 있습니다. 감정을 솔직하게 표현하며 서로의 경계를 지켜주는 관계가 실제로 나와 맞는 사람이라고 할 수 있어요. 그렇지 않은데도 관계를 맺고 싶거나 유지해야 한다면, 큰 기대를 하지 않고 어느 정도 거리를 둘 수도 있습니다.

아들러는 "삶의 모든 어려움은 관계에서 생긴다"라고 했습니다. 그만큼 인간관계는 소중하고 어렵습니다. 그러나 모두와 사이좋게 지내야 한다는 이상적인 개념은 현실에서 적용하기 힘들다는 걸 기억하세요.

우리는 자신의 경계를 지킬 수 있는 내면의 힘이 필요합니다. 중요한 건 모든 사람과 사이좋게 지내는 게 아니라 자신을 존중하고, 자신에게 맞는 사람들과 건강한 관계를 유지하는 겁니다. 원론적으로는 이렇지만, 쉬운 일은 아니에요. 삶은 교과서가 아니기 때문입니다. 그럼에도 당신의 마음을 잘 돌아보세요.

'왜 나는 이 친구와 관계 맺기를 원할까?'

'왜 나는 그 친구에게 자꾸 상처받고 화가 날까?'

'나를 소중히 여기지 않는 이 친구와 관계를 계속 맺어야 할까?'

관계에 정답은 없습니다. 당신만의 정답을 찾아가길 응원합니다.

① 타인의 어떤 말과 행동에 상처받거나 불편함을 느끼나요?

② 그 말과 행동이 왜 불편한가요? 구체적인 이유를 적어보세요.

③ 상대에게 표현할 내 마음을 상황, 감정, 행동으로 적어보세요.

　ex. 1. 상황 : 엄마가 갑자기 큰소리로 내게 말했잖아.

　　　 2. 감정 : 나는 너무 놀라고 당황했어.

　　　 3. 행동 : 앞으로는 엄마의 마음을 차분히 얘기해 주면 좋겠어.

● 상 :

● 감 :

● 행 :

03

삶의 지도
그리기

자신감이 없어요,
나를 믿으려면 어떻게 하나요?

밤새 함박눈이 내린 어느 겨울날이었습니다.

아들은 아침에 일어나 눈을 보고는 신이 나서 눈사람을 만들자고 했습니다. 그런데 나가보니 다른 동네 아빠가 만들어놓은 엄청나게 큰 눈사람이 있었습니다. 그 앞에서 약간 위축되었지요.

저는 아이에게 작은 눈사람에 만족하자고 타이르면서 함께 만들기 시작했습니다. 눈이 잘 모이지도 않고 계속 부서져서 쉽지 않았지만, 아들이 가져온 풀과 흙을 섞으니 조금씩 눈이 뭉쳐졌습니다. 40분 정도 지났을까요. 땀으로 흠뻑 젖은 아들과 제 앞에 크고 멋진 눈사람이 서 있었습니다. 처음엔 '우리가 다른 사람들처럼 크고 멋있는 눈사람을 만들 수 있을까' 하고 망설였지만, 결국 해냈지요.

이번 장의 주제는 '자기효능감'입니다.

자기효능감이란 캐나다의 심리학자 앨버트 반두라(Albert Bandura)가 제시한 개념으로 '자신의 능력에 대한 개인의 믿음'을 의미합니다. 자기효능감을 높이는 몇 가지 방법 중에 중요한 것은 '성취 경험'을 쌓는 것입니다. 이는 대단한 성취 경험을 의미하는 것 같지만 그렇지 않습니다. 아주 작은 삶의 성취 경험이 쌓여 자기효능감을 높인다고 합니다.

실제로 자기효능감이 낮은 사람은 어릴 적부터 실패했을 때 비난과 조언과 충고를 들으며 자랐고, 반대로 자기효능감이 높은 사람은 스스로 작은 목표를 실행하고 성취감을 느끼도록 지지와 격려를 받으며 자랐다는 연구 결과가 있습니다.

이처럼 자기효능감을 높이려면, 내가 원하는 작은 목표를 스스로 설정하고 실행하며 작은 성취감을 반복적으로 느껴야 합니다. 처음에는 실패할지 모릅니다. 하지만 그 실패를 통해 교훈을 얻고 목표를 수정해서 또다시 작은 시도를 하는 겁니다. 이때 실패할 목표를 세우기보다는 성공할 수 있는 작은 목표를 세워야 합니다. 거대하고 불가능한 목표는 실패감만 주니까요.

흔히 우리는 장기적으로 큰 목표를 세우길 좋아합니다. 하지만 단기적으로도 아주 쉽고 간단하다고 느낄 만한 목표를 세우고 도전해야 합니다. 그렇게 내가 원하는 작은 목표를 반복해서 성취할 때, 자기효능감이 생깁니다. 자기효능감이 생기면 자존감도 높아지지요.

제가 코치로서 추천하는 방법은, 재밌고, 자신이 생각할 때 하찮다고 느낄 정도로 작은 목표를 세워보라는 겁니다. 절대로 엄청난 목표는 세우지 않길 권합니다. 보통 코칭을 하면 많은 분이 높은 목표를 세웁니다.

"영어 공부를 하루에 3시간씩 하겠다."

"운동을 주 5회 이상 하겠다."

"한 달간 저녁 금식을 하겠다."

이런 목표들은 대부분 실패합니다. 그러면 결국 실패감만 커질 뿐이지요. 그래서 하찮아 보이는 목표, 즉 성공 확률이 80퍼센트 이상인 목표를 세워야 합니다. 그 이하면 실패하니까요. 아주 작지만, 성취감을 느낄 작은 목표를 세워보세요.

청년부 사역자로 있을 때, 한 청년이 저를 찾아왔습니다.

안색이 안 좋아 보여서 무슨 일이냐고 물었더니, 자신이 요즘 하나님과 친밀하지 않은 것 같다고 했습니다. 그래서 제가 하나님과 친밀해지려면 어떻게 하면 좋겠냐고 물었지요. 그랬더니 새벽기도를 하면 좋겠다는 거예요. 그래서 물었어요.

"그러면 다음 주에 새벽기도를 몇 번 하면 좋겠어요?"

"일주일, 7번이요."

제가 다시 물었습니다.

"지난 1년간 새벽기도를 몇 번이나 했어요?"

"1번도 안 했어요⋯."

"현실적으로 새벽기도를 7번 할 확률이 얼마나 될 것 같아요?"

"⋯0퍼센트요."

욕심을 부려 큰 목표를 세우면 결국 실패하고 맙니다. 이 청년은 어떻게 되었을까요? 그는 고집이 아주 셌습니다. 목표를 줄이자고 계속 타일러도 새벽기도를 5,6번은 해야 한다며 뜻을 굽히지 않았지요. 그러다 최소 1번 하기로 의견을 모았습니다. 물론 더 해도 좋고요.

그는 새벽기도에 참석하면 '인증샷'을 찍어 제게 보내주기로 했습니다. '1번 새벽기도'에 성공하면 스스로에게 상도 주기로 약속했지요. 사고 싶었던 책을 사기로요. 반대로 지키지 못할 경우에는 벌칙으로 소그룹원들에게 피자를 사기로 했습니다. 만일 그렇게 되면 자기가 쓸 돈이 한 푼도 안 남는다고 걱정했지만, 그렇게 약속했습니다.

이 청년은 어떻게 되었을까요? 다음 주 어느 이른 아침에 그가 사진을 찍어 보내왔습니다. 오랜만에 새벽기도에 갔더니 너무 기분이 좋다면서요. 그리고 그다음 주에는 2번, 다다음 주에는 3번으로 목표를 늘려 새벽기도 참석에 성공했습니다.

그는 처음에 7번을 목표로 세웠습니다. 만약 어찌어찌 노력해서 성공을 해도 당연한 목표를 이룬 것이고, 6번을 가면 실패한 게 됩니다. 1번만 갔다면 6번이나 못 간 한심한 사람이 되는 거고요. 이런 식이라면 더 이상 도전하고 싶지 않아집니다. 이처럼 우리는 조금씩 성장하고 발전하면서 얻는 성취감을 통해 무언가를 이루어 갈 수 있습니다.

"만일 실패하지 않는다면, 무엇에 도전하겠어요?"

제 책 《아무도 나에게 물어보지 않았던 것들》의 인터뷰어였던 소재웅 작가에게 제가 질문했습니다. 소 작가는 곧 얼굴이 밝아지며 이렇게 대답했어요.

"저는 미국 동부와 서부를 다니며 NBA 농구 경기를 하는 스테판 커리의 경기를 직관하고 싶어요. 그리고 LA 다저스 류현진의 경기도 현장에서 보고 싶습니다."

소 작가는 간절해 보였습니다. 이 이야기를 하며 얼굴이 발그레해질 만큼 신나서 흥분하는 게 보였지요. 그래서 제가 다시 물었습니다.

"그런데 왜 실행하지 않으세요?"

그러자 그는 약간 침울해진 얼굴로 말했어요.

"돌봐야 하는 가정도 있고 할 일이 많은데, 저 혼자 어떻게 그런 사치를 부리겠어요."

어린 세 자녀를 두고 바쁜 일상을 사는 그에게 미국을 누비며 스포츠 경기를 직관하는 일은 불가능하다고 생각되는 큰 꿈이었지요. 그는 상상하는 것만으로도 몹시 행복해했지만, 실상 불가능해 보이는 현실에 약간 서운한 듯했습니다.

제가 다시 물었어요.

"그 꿈이 작가님에게 어떤 의미가 있나요? 왜 그렇게 중요하지요?"

그가 답했습니다.

"제게 스포츠는 한 사람 한 사람의 역사이며 가장 역동적인 드라마입니다. 현장에서 선수들의 치열한 이야기를 직접 보고 느끼는 것보다 더 큰 감동이 있을까요!"

"그렇군요. 그러면 미국에 가서 스포츠 경기를 관람할 방법은 뭐가 있을까요? 생각나는 대로 다 이야기해 보세요."

그가 중얼거리며 여러 답을 내놓았습니다.

"음… 빚을 진다, 부모님에게 부탁한다, 돈을 모은다, 예전에 내가 도움을 줬던 회사 회장님에게 말해본다…."

'회장님'이란 단어가 생소해서 물어보았습니다.

"회장님이요?"

"예, 제가 예전에 작은 도움을 드린 적이 있는데, 그 회장님에게 다시 뭔가 도움을 드리고 스포츠에 관한 글을 쓸 수 있지 않을까 싶어서요."

"그렇군요. 그럼 그분에게 가볍게 이메일 한번 드려보는 게 어떨까요?"

그렇게 시작된 '소 작가 미국 가기' 프로젝트는 몇 번의 코칭으로 이어졌습니다. 회장님에게 보낼 이메일 내용도 함께 여러 번 수정하며, 마침내 그는 그 회사의 지원을 받아 미국에 2번이나 다녀올 수 있었지요. 불가능해 보였던 꿈이 이루어지는 순간이었습니다. 이후 그는 스포츠에 관한 글을 썼고, K신문에 여러 차례에 걸쳐 연재하기도 했습니다.

당장 생각하기에는 너무 크고 불가능한 목표라도, 목표의 의미를 생각하고, 목표를 이룰 방안을 고민하고 세분화해서 한 걸음씩만 나아가 보세요. 목표에 다다르지 못하더라도 그 과정에서 얻는 게 분명히 있을 겁니다.

당신이 오늘 걸어야 할 한 걸음은 무엇인가요?

코칭 가이드

아래 '4W 코칭 프로세스'를 따라 목표를 이루어 봅시다.

(1) 목표(Want)

이루고 싶은 목표를 모두 적어보고, 그중 하나를 선택하세요.

ex. 체중 감량 5킬로그램

(2) 장애물(Wall)

위 목표의 장애물은 무엇인가요?

ex. 피트니스 센터에 등록만 하고 안 가게 됨. 귀찮음. 게으름. 야식

(3) 방법(Way)

그럼에도 목표를 이루기 위한 방법은 무엇인가요?

ex. 무작정 피트니스 센터에 간다. 운동 습관 형성과 강제성을 위해 PT를 받는다. 인바디를 체크해 내 몸 상태를 직면한다

(4) 실행(Will)

한 주간 실행할 한 가지 목표를 정해보세요.

(단, 실행 가능성이 80퍼센트 이상이어야 함)

ex. 주 1회 피트니스 센터 가기. 도와줄 지인에게 인증샷 보내기

머리가 나빠요,
노력하면 똑똑해질 수 있나요?

"저는 머리가 나빠요."

코칭을 하다 보면 이런 고민을 듣기도 합니다. 그러면 반대로 '진짜 머리가 좋은 사람'은 어떤 태도를 갖는지 살펴보겠습니다.

'성장 마인드셋'(Growth Mindset)이란 이론이 있습니다. 스탠퍼드대학교 심리학과 교수 캐럴 드웩이 내놓은 이론으로, 지능과 재능은 고정된 것이 아니라 노력과 경험을 통해 발전할 수 있다는 주장이지요.

이와 반대 개념은 '고정 마인드셋'(Fixed Mindset)으로 지능과 재능이 타고나며 변하지 않는다고 믿는 겁니다. 이런 신념을 가진 사람은 "똑똑하다"라는 말을 반복적으로 듣고 자라는 경우가 많은데, 이런 말을 들으면 자신이 정말 똑똑하다고 믿게 되지만, 새로운 일에 도전하려는 모험심은 이런 칭찬을 받지 않은 사람보다 떨어진다고 합니다.

그래서 고정 마인드셋을 가진 사람은 도전을 피하고, 실패를 두려워하며, 노력보다 타고난 재능을 중시하는 경향이 있습니다. 또 타인의 비판을 공격으로 받아들이고, 타인의 성공을 위협으로 느끼곤 하지요. 한마디로, 자신의 지능과 재능을 타고난 것으로 여기는 사람은 잘하는 것만 하려고 한다는 겁니다. 하지만 무엇이든 처음부터 잘하는 사람은 거의 없으니, 결국 어느 영역이든 시도를 안 하면 잘하기가 어렵겠지요.

그와 달리 '지능과 재능은 성장한다'라는 성장 마인드셋을 가진 사람은 '지금 내가 못 하는 건 당연해. 앞으로 노력하고 성장하면 점차 좋은 결과를 낼 수 있을 거야'라고 생각합니다.

성호(가명)는 중학생 시절, 저를 만났습니다. 당시 아이의 머릿속에는 수많은 이야기가 들어 있었어요. 그런데 이것을 가지고 무얼 할 수 있을지 갈피를 잡지 못하고 있었습니다.

대화해 보니, 성호 안에 이야기가 너무 많아서 그의 일상에 방해가 될 정도였습니다. 당연히 학업이나 관계에도 영향을 미쳤지요. 그래서 저는 아이와 그 이야기들의 제목과 내용을 목차를 만들듯 정리했습니다. 함께 나누며 소소한 재미를 느꼈어요.

이후 성호는 고등학교에 진학하여 문학 동아리에 들어가 글쓰기 연습을 시작했습니다. 학기마다 친구들과 문집을 만들어 제게 갖다주곤 했지요. 그러면서 소설가가 되겠다는 확신이 들어 국문학과에 입학했고, 매주 마감을 앞두고 소설을 썼습니다. 그러다 얼마 전에는 해외 대학에 장학금을 받고 교환학생으로 갈 기회도 생겼어요. 지금 성호는 혼자 외국에 가는 것이 조금은 두렵지만, 넓은 세상을 보고 다양한 사람과 문화를 경험하며 삶의 지경을 확장하는 데 목표를 두고 즐겁게 준비하고 있습니다.

성호의 사례를 보면, 그는 처음에 다른 친구들과 다르게 툭하면 공상에 빠지는 자신이 싫었고, 자기 안에 맴도는 이야기들이 불편했습니다. 하지만 그것을 '글쓰기'라는 도구로 풀어내며 꾸준히 성장했습니다. 글을 쓰며 낙심될 때도 있지만 포기하지 않고 작은 도전을 쌓아가고 있지요.

'성장 마인드셋'에는 다섯 가지 핵심 요소가 있습니다.

첫째, 도전하는 자세

'어려운 과제와 새로운 도전'을 기꺼이 받아들이며 이를 성장의 기회로 보는 자세입니다. 잘하는 것만 하면 실패하거나 좌절할 일이 없지만, 새로운 도전을 하면 실패하거나 수행 능력이 부족하기에 못 할 확률이 높습니다. 못 하는 게 즐거운 일은 아닙니다. 다만 도전하는 즐거움을 맛볼 수 있으며, 새로운 능력이 개발될 가능성이 열리게 됩니다.

둘째, 노력과 실행

재능과 더불어 '노력의 힘'을 인정하는 것, '꾸준한 연습'을 통해 능력을 향상할 수 있다고 믿는 것입니다. 처음부터 잘하는 사람은 없습니다. 꾸준히 성장하고 발전하려는 자세가 중요하지요. 근육을 키우려는 사람이 어떻게 운동 초기부터 보디빌더처럼 무거운 바벨을 거뜬히 들겠어요. 1년 동안 정말 열심히 운동해야 근육량이 3,4킬로그램 증가한다고 합니다. 마찬가지로 특정 분야에서 실력을 쌓으려면 5년 혹은 10년을 목표로 잡고 꾸준히 노력하는 것이 중요합니다.

셋째, 실수와 실패에 대한 재해석

실수와 실패를 '배움의 기회'로 여기는 거예요. 이를 통해 성장하고 발전한다고 믿는 겁니다. 우리나라는 특히 실패에 가혹하지만, 미국 실리콘밸리에는 개인과 기업의 실패를 응원하고 지원하는 문화가 있다고 합니다. 그래서 실제로 수백 개의 기업 중 한 기업만 성공하고 나머지는 실패하지만, 그 과정을 통해 배우는 것을 매우 값지게 여긴다고 해요. 사람은 반드시 시행착오를 거치고 실패를 통해 배우며 다음으로 나아가는 존재임을 받아들여야 합니다.

넷째, 올바른 피드백

'타인의 피드백'을 성장을 위한 기회와 수단으로 삼는 겁니다. 앞서 말한 소설가가 꿈인 성호도 타인의 글과 자기 글의 차이를 느끼게 해준 친구와 선생님의 피드백이 가장 실제적인 도움이 되었다고 말합니다. 막연한 긍정이나 부정에 휩싸일 때, 주변의 객관적 피드백을 통해 나만의 특징과 재능이 무언지 알아가는 게 중요합니다.

다섯째, 타인의 성공을 통해 배우기

'타인의 성공'을 마냥 부러워하거나 질투하는 데서 그치는 게 아니라 그로부터 영감을 받고 성장 과정을 배우며 내 발전에 적용하는 겁니다. 한 개인의 성장 과정에서 '질투'는 중요한 동력입니다. 이를 통해 크게 좌절하기도 하지만, 그 힘을 지혜롭게 사용하면 내가 진정 이르고자 하는 지점을 알 수 있고, 성장 에너지로 삼을 수도 있습니다.

우리는 자주 타인과 비교하면서 현재의 내 모습에 실망하거나 좌절합니다. 그런데 내가 '성장하는 존재'라고 생각하면 다른 시각으로 자신을 바라볼 수 있어요. 그 어떤 아이도 하루만에 어른이 될 수 없으니까요. 지금은 작고 부족하더라도 조금씩 성장하고 발전하는 자신을 믿어주세요.

제가 오래전부터 친하게 지낸 '박시훈'이라는 교회 후배가 있습니다. 시훈이는 늘 신앙 있는 사람들이 즐겁게 교제하고 춤출 수 있는 장소를 만들고 싶다고 할 정도로 끼도 많고 사람들을 재밌게 해주는 것을 좋아했습니다.

하지만 가정 형편이 넉넉하지 못해서 자신의 끼와 재능을 발산하기보다는 안정적인 직업을 가져야 한다고 생각했어요. 그래서 대학생 때는 교사가 되기 위해 도전합니다. 그런데 임용시험에 대한 동기가 부족했고, 준비도 충실히 하지 못해 결과가 좋지 않았지요. 대학 졸업 후에는 학사장교를 준비해 군대에서 장교로 일하기도 했습니다. 하지만 권위적이고 행정 중심적인 장교의 직무가 힘들고 지루하고 어려워서 곧 전역하게 됩니다.

이후 시훈이는 노력 끝에 대기업에 입사하여 영업직 사원이 됩니다. 그런데 일하던 중 자신의 재능을 펼칠 기회가 찾아옵니다. 사내 방송과 유튜브 영상에 출연했는데, 방송을 잘해서 본사로 발령받게 되지요. 그는 현재 회사에 다니면서 프리랜서 쇼호스트로도 활동하고 있습니다. 지금도 도전을 이어가고 있는 시훈이가 제게 이렇게 말하더군요.

"저는 늘 힘들었어요. 재정 걱정이 많았고, 돈을 벌기 위해 하고 싶은 걸 포기해야 한다고 생각했죠. 그런데 그런 생각이 저를 더 멀리 돌아가게 했어요. 내 몸에 맞지 않는 옷을 입느라 고통스러웠고, 하기 싫은 일을 하면서 돈도 벌지 못했거든요. 저는 저를 믿지 못했던 것 같아요. '나는 잘할 거야. 하고 싶은 일을 하면서 먹고살 수 있어'라고 믿어줘야 했는데 말이죠.

하지만 한 가지 노력했던 건, 미래가 보이지 않아도 기회가 주어질 때마다 잘하는 일을 시도했다는 거예요. 조별 과제, 교회 행사 등에서 늘 마이크를 잡고 뭐든 해보려 했어요. 그러면서 성공 경험이 쌓였어요. 사람들의 칭찬도 힘이 되었고요. 심지어 군대에서도 워크숍을 하면 사회를 보겠다고 자원했어요. 판매직 영업 중에도 방송을 찍었고, 유튜브 매니저까지 하다가 본사 발령으로 이어졌지요.

누구든 자신을 믿고 현재 상황에서 한 걸음씩 도전하면 좋겠어요. 언제나 우리와 함께하시고, 우리를 멋지게 창조하신 하나님을 신뢰하는 믿음으로 나아가면 두려울 게 없어요!"

코칭 가이드

1 '이것만큼은 내가 잘한다'라고 느끼는 것은 무엇인가요?
ex. 경청하기, 책이나 영화 리뷰, 친구 옷 골라주기, 분위기 띄우기, 맛집 찾기, 최저가 검색 등

2 한번 도전해 보고 싶은 영역은 무엇인가요?

3 나에게 "너는 할 수 있어!"라고 말해주세요. 그리고 오늘 실천해 볼 작은 도전 과제 한 가지를 적어보세요.

돈 많이 버는 법,
알려주세요

"돈을 많이 벌고 싶은데, 욕심인가요?"

이런 질문을 크리스천에게서도 흔히 듣습니다. 대부분 사람에게는 돈을 많이 벌고 싶은 바람이 있지요. 자본주의 사회에서 돈을 벌고자 하는 마음은 지극히 자연스럽습니다. 당장 점심 한 끼를 먹으려 해도, 친구와 카페에 가거나 지하철을 탈 때도 돈이 있어야 하니까요. 기본적으로 먹고사는 것을 넘어 주변의 누군가를 섬기고 도우려 할 때도 돈이 필요합니다. 이처럼 돈은 내 몸속을 흐르는 피와 같이 중요하며, 삶을 살아가는 데 필수적인 도구입니다.

돈은 중립적입니다. 하지만 성경은 돈을 사랑하는 것이 모든 악의 뿌리라고 말씀합니다(딤전 6:10). 돈을 삶의 최우선 목표로 삼는 것이 문제라는 거지요. 돈 자체가 우리의 주인이 되어서는 안 됩니다. 예수님은 "너희가 하나님과 재물을 겸하여 섬기지 못하느니라"라고 분명히 말씀하셨습니다(마 6:24). 크리스천은 돈을 하나님보다 더 앞세우면 안 되며, 돈을 최종 목표로 삼는 태도에서 벗어나야 합니다.

그러면 돈을 어떻게 바라봐야 할까요? 예수님은 우리가 돈을 어디에 쌓아야 하는지를 말씀해 주십니다.

너희는 자기를 위하여 보물을 땅에다가 쌓아두지 말아라. 땅에서는 좀이 먹고 녹이 슬어서 망가지며, 도둑들이 뚫고 들어와서 훔쳐 간다. 그러므로 너희를 위하여 보물을 하늘에 쌓아두어라. 거기에는 좀이 먹고 녹이 슬어서 망가지는 일이 없고, 도둑들이 뚫고 들어와서 훔쳐 가지도 못한다. 마 6:19,20 새번역

돈을 하늘에 쌓아둔다는 게 뭘까요? 위 말씀과 관련이 있는 누가복음 구절을 보겠습니다.

너희 소유를 팔아서, 자선을 베풀어라. 너희는 자기를 위하여 낡아지지 않는 주머니를 만들고, 하늘에다가 없어지지 않는 재물을 쌓아두어라. 거기에는 도둑이나 좀의 피해가 없다. 눅 12:33 새번역

예수님은 "너희 소유를 팔아서, 자선을 베풀어라" 하시며 이 것이 하늘에 재물을 쌓아두는 거라고 말씀하십니다. 이 외에도 성경에는 재물을 나누고 이웃에게 베풀기를 권면하는 말씀이 많습니다(잠 19:17, 눅 3:11, 마 25:40, 히 13:16, 행 20:35 등).

이처럼 돈은 단순히 나를 위해 사용하는 게 아니라 이웃을 섬기고 돕는 도구로 사용해야 합니다. 특히 크리스천은 자신만을 위한 부의 축적이 아닌 하나님의 사랑을 실천하는 수단으로 돈을 사용해야 하지요.

당신은 왜 돈을 벌고 싶나요?

잠시 이 질문에 답해보세요. 시간을 가지고 깊이 생각해도 좋아요. 지금부터 '돈'에 대한 내 마음을 점검해 보겠습니다.

저는 어릴 때 어른들이 꿈이 뭐냐고 물으면, 당시 멋진 직업 이라고 여겼던 "과학자, 변호사"라고 대답했어요. 그렇게 말해야 부모님이나 어른들에게 칭찬받을 것 같았지요. 왜 돈 얘기를 하다가 갑자기 꿈 얘기를 하냐고요? 돈과 꿈은 생각보다 아주 밀접한 관계가 있기 때문입니다.

돈은 중요해요. 하지만 돈이 '가장' 중요할까요? 이 부분은 잘 생각해야 합니다. 돈만큼 혹은 그보다 더 소중한 것이 있음을 잊어서는 안 되지요. 우리는 돈을 최고의 가치로 여기는 사람을 '속물'(俗物)이라고 부릅니다. 또 돈을 하나님보다 우선시하는 것을 돈을 우상으로 섬긴다는 의미로 '맘모니즘'(mammonism, 배금주의)이라고 부르지요. 그런데도 돈은 정말 중요하고 이 세상을 살아가는 데 꼭 필요합니다.

당신에게 큰돈이 생긴다면 무엇을 하고 싶나요?

강의하거나 코칭할 때, 이런 질문을 던지곤 합니다. 그러면 모두들 상상만으로도 즐겁다는 표정으로 다양한 대답을 하지요. 저는 대답을 유심히 듣고 나서 곧바로 다음 질문을 합니다.

"그 돈이 여러분에게 어떤 의미인가요?"

역시 이 질문에도 천차만별의 답변이 쏟아집니다. 당신에게도 같은 질문을 하고 싶습니다.

"당신에게 돈이 왜 중요한가요? 돈이 어떤 의미인가요?"

세상에서 인정받고 싶어서, 성공하고 싶어서, 돈 때문에 스트레스 받지 않고 맘 편히 살고 싶어서, 가난 때문에 불안해하며 살기 싫어서 등등 각자에게 돈이 갖는 의미는 다양할 거예요. 여기서 분명한 건, 돈을 벌고 싶은 이유가 다 다르다는 겁니다.

'나는 왜 돈을 벌고 싶지? 돈이 많이 생기면 무엇을 하고 싶지? 어떤 것을 사고 싶지? 갖고 싶은 걸 다 사고 나면, 그다음엔 또 무엇을 하고 싶지?'

스스로 계속 질문하고 답하며 마음을 들여다보세요. 제일 마지막에 나오는 건 무엇인가요? 아마도 '평안함, 안정감, 자유, 사랑'과 같은 가치일 겁니다. 우리는 결국 눈에 보이지 않는 어떤 '가치'를 얻기 위해 돈을 많이 벌고 싶은 거예요.

당신이 정말 원하는 삶은 어떤 모습인가요? 다른 사람에게 보여주고 싶은 삶 말고, 내가 살고 싶은 삶 말입니다. 그걸 먼저 깨닫는 것이 매우 중요합니다. 왜냐하면 처음에는 내 행복을 위해, 사랑하는 가족을 위해 돈을 벌려고 하지만, 결국 건강을 잃거나 가족관계가 망가진다면 돈이 무슨 소용이겠습니까.

당신이 '돈을 많이 벌고 싶은 이유'와 당신에게 돈이 어떤 '가치'를 가져다줄 수 있는지를 곰곰이 생각해 보면 좋겠습니다.

돈을 어떻게 벌어야 하나요?

자, 이제 돈이 정말 중요하고 사람마다 돈의 의미가 다르다는 건 공감할 겁니다. 그다음 문제는 '돈을 어떻게 벌까'입니다.

몇 년 전, 한 세미나에서 세계 최고 부자 중 하나인 워런 버핏에게 한 학생이 질문했습니다.

"제가 부자가 되려면 어떤 주식(회사)에 투자해야 할까요?"

세계 최고 부자가 뭐라고 답했을까요? 워런은 그 학생에게 이렇게 말해주었습니다.

"네가 할 수 있는 최선은 무언가를 특출하게 잘하는 거야. 네가 어떤 일이든 잘하면 네가 해줄 수 있는 일의 대가로 사람들도 네게 뭔가를 줄 거야. 누구도 네가 가진 능력을 네게서 뺏을 수 없어. 어떤 경제 위기가 닥쳐와도 네가 할 수 있는 최고의 투자는 너 자신을 개발하고 성장시키는 거야."

그의 조언이 어떻게 들리나요?

창의적인 콘텐츠 제작과 소통을 통해 큰 인기를 끌고 있는 한 유튜버이자 콘텐츠 크리에이터가 '돈을 벌려면 작은 취미부터 시작해 보라'라고 하더군요. 그는 '이게 돈이 될까' 하는 생각은 접어두고, 자신만의 취미와 관심으로부터 출발해서 꾸준히 무언가를 창작하고 만들어보라고 조언했습니다. 영상을 촬영하든, 만화를 그리든, 사진을 찍든, 심지어 좋아하는 애니메이션 스티커를 모아서 스티커 북을 만드는 거라도 말이지요.

자본주의 사회에서 돈을 버는 단순한 원리 중 하나는 내가 가진 것 중 상대가 원하는 것을 주고 상대로부터 돈을 받는 겁니다. 쉽게 말해서, 내가 가진 것을 돈과 바꾸는 거지요. 지금 당신은 무엇을 가지고 있나요? 건물? 금? 석유? 아쉽게도 우리 중 대부분은 이런 걸 가지고 있지 않습니다.

그러나 각자 가지고 있는 게 있습니다. 바로 '재능'입니다. 눈에 띄게 특별하거나 모든 사람이 부러워할 만한 재능이 아니어도 상관없어요. 내가 가진 작은 재능 중에 가치 있는 것을 찾고, 꾸준히 노력해서 발전시키는 게 중요합니다.

오래전, 제가 한 고등학교에 있을 때의 일입니다.

한 학생이 찾아와서 상담을 요청했습니다. 표정이 어둡고 어깨도 축 처져 있었지요. 무슨 일인지 물으니, 그 친구가 힘겹게 입을 열어 첫마디를 툭 내뱉었어요.

"선생님, 저 죽고 싶어요."

아이는 집안 형편도 좋지 않고, 부모님이 심하게 다투는 날이 많아서 큰 스트레스를 받는다고 했습니다. 게다가 자신은 공부도 못 하고, 학교에서는 따돌림까지 받고 있다고 했습니다. 지금도 그때 아이의 표정이 기억날 정도로 너무나 안타까운 상황이었지요. 한참 아이의 이야기를 듣고 나니 마음이 저릿하게 아팠습니다.

'어린 학생이 참 어려운 일을 감당하며 살고 있구나!'

1시간 정도 자신의 어려움을 털어놓은 아이에게 조심스럽게 말했습니다.

"너, 죽고 싶겠다… 그럴 만해."

그랬더니 아이가 말했습니다.

"제가 이런 이야기를 하면 힘내라고 하실 줄 알았는데 선생님은 죽고 싶을 만하다고 하시네요. 설마 저, 죽으라는 건 아니죠? 하하~"

우리는 함께 실소를 터뜨렸습니다.

"네 이야기를 듣고 마음이 아파서 그랬어. 그런데 궁금한 게 하나 있어."

"뭔데요?"

저는 단도직입적으로 물었습니다.

"네가 정말 좋아하는 게 뭐니? 뭘 할 때 가슴이 뛰어? 스스로 '난 이걸 좀 잘해'라고 생각하는 게 있으면 나눠줄래?"

"네?"

아이가 당황스러운 표정을 지었습니다. 죽고 싶다는 사람에게 '뭐 이런 질문을 하나'라는 반응이었지요. 그리고 우물쭈물하면서 끝내 대답하지 못했습니다.

그 후로도 저는 그 아이와 종종 만나서 이런저런 대화를 나누었습니다. 질문을 주고받고, 아이의 이야기를 하염없이 들어주기도 했습니다. 그렇게 6개월쯤 시간이 흐른 뒤에 아이가 만화에 푹 빠져 있다는 사실을 발견했습니다. 심지어 아이가 "선생님, 저 만화를 사랑하는 것 같아요!"라고 말하기도 했지요. 자기가 뭘 좋아하고, 뭘 할 때 가슴이 뛰는지 모르고 살았는데, 드디어 발견한 겁니다.

이후 아이는 자기가 그린 그림을 블로그에 하나씩 올리기 시작했습니다. 블로그를 통해 자기 그림을 세상에 알렸지요. 아이는 사람들이 댓글을 달거나 쪽지를 보내오며 그림을 칭찬하고 호감을 표하는 걸 보면서 자기 작품이 대중에게 사랑받는다는 사실을 알게 되었습니다. 그리고 그 호응에 힘입어 더욱 열심히 그림을 그렸지요. 그러던 중 진로를 디자인으로 정했고, 디자인학과에 입학해서 두각을 나타냈습니다. 현재는 디자인 회사에서 재능을 펼치며 돈도 벌고 있습니다.

돈을 많이 벌고 싶은가요?

그렇다면 당신의 관심이 어디에 있는지, 무얼 할 때 가슴이 뛰는지를 먼저 찾아보세요. 내가 관심과 열정을 쏟게 되는 일, 좋아하는 것을 발견하세요. 거기서부터 시작하여 한 걸음씩 꾸준히 걸어가는 겁니다. 그렇게 가다 보면, 당신의 재능에 관심이 있는 누군가가 반응할 거예요. 그것을 기반 삼아 그 일을 확장할 방안을 구상해 보면 좋겠습니다. 그게 사업이든, 직장이든, 작은 모임이든, 무엇이든지요.

기억하세요. '당신 안에' 보물이 있습니다. 집중해서 찾아보세요. 당신이 발견한 나만의 보물이 세상의 보물이 될 때, 돈도 따라올 것입니다.

코칭 가이드

(1) 유독 재미를 느끼는 것, 남들보다 잘하는 것, 관심 있는 것을
세 가지 적어보세요(작고 사소한 것도 괜찮아요).

(2) 왜 돈을 벌고 싶나요? 계속 질문을 던지며 궁극적으로 원하
는 것이 무엇인지 생각해 보세요.

(3) 돈이 아닌 다른 형태로 풍요로움이나 행복을 느꼈던 경험이
있나요? 그때의 상황과 느꼈던 감정을 적어보세요.

잘하는 게 없어요,
어떻게 하죠?

"전 잘하는 게 없어요."

보통 이런 말을 하는 사람은 자신의 가치를 낮추어 생각하거나 자신을 싫어하는 경향이 있습니다. 그리고 자기에게 없는 다른 무언가를 동경합니다. 이런 패턴이 나타나는 이유는 무엇일까요? 이유를 물으면 이런 대답들이 돌아옵니다. "그냥 내 모습이 싫어요", "나를 다른 방식으로 바꾸고 싶어요", "타인과 비교했을 때 내가 나은 게 하나도 없어요." 결국 '내가 싫다'라는 겁니다.

내가 나를 싫어하면 어떻게 될까요? 내가 아닌 다른 곳으로 자꾸 시선을 돌리게 됩니다. 외부에서 내 가치를 찾으려 하고, 내게 없는 것을 열심히 찾아 헤맵니다. 그러나 결국 찾지 못하지요. 왜일까요? 애초에 없는 곳에서, 없는 것을 찾으니까요.

제가 그랬습니다. 저는 청소년기에 아주 진지하고 내성적이었습니다. 이런 성격은 성인이 돼서도 그랬지요. 지금껏 20년이 훨씬 넘는 세월 동안 많은 사람 앞에서 수없이 강의했는데도 여전히 무대공포증 같은 게 남아 있습니다. 예전에는 이런 제 모습이 싫어서 외향적인 척했습니다. 그런 제 노력이 성공했을까요? 잘되지 않았습니다. 제게 맞는 옷이 아니었으니까요.

그런데 어느 순간, 하나님께서 저를 정말 사랑하신다는 걸 깨닫고 나니 거짓말처럼 저를 사랑하게 되었습니다. 이후 제 안에 일어난 가장 큰 변화는 '내가 어떤 사람인가'에 대해 탐구하기 시작했다는 겁니다. '다른 건 다 못해도, 내가 이것 하나는 잘한다고 할 수 있는 게 있을까?'라는 질문과 함께 말이죠.

솔직히 나를 찾아가는 여정이 쉽지만은 않았습니다. 마음도 어려웠고, 기간도 짧지 않았거든요. 그러다 문득, 제가 대학 시절부터 개인적으로 사람들을 만나서 마음속 이야기를 잘 들어주고 적절하게 질문하며, 상대의 고민에 실마리를 찾아주었던 순간들이 떠올랐습니다. 저와 대화한 이들이 그 시간을 참 좋아했던 것도요. 그때 생각했습니다.

'나는 일대일로 사람을 만나는 직업을 가지면 좋겠다.'

물론 당시엔 제가 이렇게 될 줄 꿈에도 몰랐습니다.

여기서 반드시 전제해야 할 것이 있습니다.

바로 하나님께서 나를, 당신을, 우리를 놀랍게 창조하셨다는 것과 그분이 우리를 정말 사랑하신다는 사실입니다. 이건 믿음의 차원입니다. 이 사실을 믿는 사람은 그렇게 살 것입니다. 창조주의 사랑을 받는 놀라운 걸작품으로요. 반대로 이 사실을 믿지 않으면 자기를 미워하며 살게 될 겁니다.

그리고 한 가지 더, 잘하는 게 있든 없든 당신은 충분히 '괜찮은' 사람이라는 걸 꼭 알았으면 좋겠습니다. 당신은 지금 이 순간에도 사랑받고 있습니다. 친구들이 나를 싫어해도, 심지어 부모님이 나를 막 대하는 것 같을지라도, 당신은 창조주 하나님의 사랑을 받는 존귀한 사람임을 잊지 말기를 바랍니다.

여기까지 동의가 되나요? 이제부터는 재능이 무엇인지 본격적으로 이야기해 보겠습니다.

많은 사람이 '재능'이라고 하면, 특출나고 대단한 무언가를 생각합니다. '4세 바이올린 신동'이라든지 '기하학 문제를 푸는 5세 영재'와 같이 천재적 능력만 재능으로 여기니까 '나는 재능도 없고, 잘하는 것도 없어'라며 풀이 죽는 겁니다.

이런 사람들에게 책《위대한 나의 발견 강점혁명》을 권합니다. 이 책에서는 재능을 이렇게 정의합니다.

재능은 생산적으로 쓰일 수 있는

사고, 감정, 행동의 반복되는 패턴이다.

저는 이 정의를 참 좋아합니다. 평소 내가 반복해서 하는 생각과 감정과 행동으로 무언가를 만들어 낼 수 있는 것이 재능이라는 거지요. 예를 들면, 늘 친구를 웃길 방법을 고민하고, 그것으로 즐거워하고, 결국 친구를 웃기는 데 성공하는 아이가 있습니다. 아이의 머릿속에는 친구를 웃길 생각이 가득할 테고, 그러기 위해 늘 연구할 겁니다. 그러면서 주변 사람들을 즐겁게 해주는 실력이 점점 늘겠지요. 이것이 재능이라는 겁니다.

국제 종이비행기 날리기 대회가 있습니다. 심지어 국내도 아니고 국제입니다. 매년 세계대회가 열리는데 종이비행기 날리기에 재능 있는 사람들이 전 세계에서 출전하지요. 그 대회를 보고 있으면 너무 신기하고 대단해서 입이 쩍 벌어집니다. 혹자는 '종이비행기 잘 날리는 게 뭐 그리 대단한 일인가?' 싶을 수 있지만, 분명 엄청난 재능입니다.

잘하는 게 없어서 고민이라면, 호기심, 흥미, 취미 같은 단어를 먼저 떠올려 보세요. 그중에 나도 모르게 더 몰입해서 하는 일이 무언지 찾아보세요. 재능은 묻혀 있는 보물입니다. 처음에는 어디 있는지 모릅니다. 반드시 찾아봐야 하지요!

끝으로, 좋아하고 계속하고 싶은 건 찾았는데, 그걸 잘하고 싶어서 고민인 사람들에게 전하고 싶은 이야기가 있습니다. 무엇이든지 잘하려면 어떻게 해야 할까요? 답은 하나입니다. 계.속.하.기! 잘하고 싶다면 계속해야 합니다. 그런데 따지고 보면 '지속'이 제일 어렵습니다.

세계적인 베스트셀러《그릿》에는 어떤 일을 꾸준히 하기 위한 네 가지 방법이 소개됩니다.

첫째, 관심

처음에는 무조건 무언가를 향한 관심과 즐거움이 시작점이 되어야 합니다. 즐거운 놀이를 하는 듯한 재미와 관심 말입니다. 부담과 두려움, 의무감만으로는 오래가지 못합니다. 그런데 관심과 놀이에서 시작하라고 하면 이런 질문을 받습니다.

"코치님, 재미와 놀이만 추구하다가는 직업도 없이 인생 망할 것 같은데요. 굶어 죽으라고요?"

아니요! 재밌는 놀이만 찾아다니라는 말이 아니라 관심과 흥미를 느끼는 영역에서 시작해야 장기적으로 지속할 수 있다는 겁니다. 재능은 나의 흥미 그리고 가치와 연결됩니다. 재미 없고, 시큰둥하고, 가치 없게 느끼는 일을 수년, 수십 년 지속하는 건 더 어려운 일이기 때문이지요.

둘째, 연습

연습은 어제보다 잘하려고 매일 단련하는 끈기를 말합니다. 기타를 좋아하면 꾸준히 연습해야 잘 칠 수 있습니다. 어느 순간, 지겹고 실력이 나아지지 않아도 계속 반복하는 겁니다. 비록 지루해도 연습을 삶의 '루틴'과 '습관'으로 만들면 조금씩이지만 반드시 성장합니다. 그 작은 성장이 기쁨이 되어 연습을 이어갈 동력이 될 것입니다.

셋째, 목적

'이것을 왜 하고 있지?'라고 자신에게 물어볼 때 답할 수 있는 목적의식입니다. 자기 일이 중요하다는 확신이 열정을 무르익게 합니다. 지루하고 나아지지 않는 것 같은 상황에서 고통이 올 때, 이 일의 목적, 다시 말해 '의미'를 되새기면 이겨낼 수 있습니다. 이 일이 자신에게 어떤 의미인지를 생각하는 거지요. 직장에서 돈을 버는 것도 중요한 의미가 될 수 있지만, 그것을 넘어 내가 하는 일을 통해 사람과 세상에 어떤 영향을 미칠지, 하나님께서 이 일을 어떻게 바라보시는지 등 일의 의미를 되새기는 건 아주 중요합니다.

넷째, 희망

어떤 상황에서도 잘 헤쳐 나갈 수 있다는 믿음입니다. 기대와 희망은 위기에 대처하게 해줍니다. 그리고 어려움이 닥쳐도 지속할 수 있도록 만들지요. 크리스천의 가장 큰 희망은 무엇일까요? 바로 하나님께서 우리와 함께하신다는 사실입니다. 나를 사랑하시고, 나와 늘 함께하시는 그분을 믿고 나아가면 좋겠습니다.

재능을 찾는 것에 조급해하지 마세요. 실패를 두려워하지 말고, 다양하게 시도하며 도전하는 당신이 되기를 바랍니다.

① 나의 관심사나 재미, 흥미를 유발하는 일을 적어보세요.

② 1번의 일을 이루면서 성장한다면, 미래에 어떤 내 모습을 꿈꿀 수 있을까요? 마음껏 꿈꿔 보세요.

③ 그러기 위해 오늘 실천할 한 가지를 적어보세요.

꿈이 없어요,
저는 뭘 해야 하나요?

제 러브스토리를 공개합니다.

저는 군 제대 후 복학생이 되어 후배들과 함께 수업을 들었습니다. 기독교 교육을 전공해서, 복학한 지 얼마 되지 않아 교생실습을 갔지요. 그때 같이 실습을 다닌 한 자매에게 호감이 생겼고 좋아하게 되었습니다. 물론 바로 고백하진 못했습니다. 그런데 너무 좋아하다 보니, 교생실습을 함께하던 다른 자매에게 제 마음을 들켰지요. 저는 차라리 잘됐다 싶어서 그 자매에게 물었습니다.

"네 생각엔 찬희가 날 좋아할 것 같아?"

그녀가 한 치의 망설임 없이 대답했습니다.

"음… 내 생각에 오빠가 찬희 이상형은 아닌 것 같아요."

그 말에 하늘이 무너지는 것 같았어요. 하지만 포기하지 않고 열심히 기도하면서 좋아하는 자매와 친해지려고 노력했고, 시간이 흘러 그녀는 제 아내가 되었습니다. 할렐루야!

그래서인지 동기들은 교생실습을 힘들었던 시간으로 기억하지만, 제게는 아주 행복한 기억으로 남아 있습니다. 제 러브스토리를 자랑하려는 게 아닙니다. '꿈'에 대해 이야기하려는 겁니다. 꿈과 결혼이 무슨 상관이냐고요? 생각보다 이 두 가지는 아주 비슷한 속성이 있습니다.

만약 제가 그 자매와 결혼하고 싶은데, 방 안에서 혼자 결혼을 상상하고, 결혼식장을 알아보고, 계속 결혼에 대한 꿈만 꾸었다면, 실제로 결혼할 수 있었을까요? 절대 못 했을 겁니다. 저는 학교에 가서 많은 사람을 만났고, 대화했고, 함께 공부하며 놀았습니다. 그러다 호감이 가는 자매를 만나 이야기를 나누었고, 밥을 먹고 공부하면서 연인이 되었고, 결혼까지 하게 되었지요.

꿈도 마찬가지입니다. 생각만 한다고 꿈이 생기는 게 아닙니다. 다양한 활동을 해보고, 이런저런 사람을 만나고, 새로운 곳에도 가보는 등 작은 행동들을 해나가야 하지요. 그러다 보면 자꾸 생각나고, 호기심이 생기고, 반복하게 되는 무언가가 나타납니다. 제가 아내를 자꾸 바라보게 되었던 것처럼요. 그렇게 발견한 것을 여러 번 실행하다 보면, 어느 순간에 느낍니다.

'평생 이걸 하면서 살고 싶다!'

혹은 이런 생각이 들 수도 있습니다.

'아, 실제로 해보니 이건 아닌데….'

그럴 땐 어떻게 해야 할까요? 다른 것을 찾으면 됩니다. 연애도 마찬가지예요. 이성 친구를 사귄다고 다 결혼하는 건 아닙니다. '썸'만 타다가 끝나기도 하고, 사귀다가 헤어지기도 하지요.

처음엔 좋아서 해보다가 영 맞지 않아서 또 다른 일을 찾는 것도 꿈을 찾아가는 중요한 과정입니다. 그렇게 한 걸음 한 걸음 꿈을 명확히 해나가는 것이지, 어느 날 꿈이 하늘에서 뚝 떨어지는 게 아닙니다.

'계획된 우연'이라는 말을 아시나요?

이것은 미국의 유명한 심리학자이자 진로상담 분야의 최고 권위자인 존 크롬볼츠 교수가 정립한 이론입니다. 이름하여 '계획된 우연(Planned Happenstance) 이론'으로 사람의 진로에 우연한 사건이 미치는 영향에 대해 설명합니다.

크롬볼츠 교수가 수많은 사람의 경력을 조사한 결과, 성공한 사람 중 자신의 계획에 따라 성공한 경우는 20퍼센트 정도이고, 나머지 80퍼센트는 우연히 만난 사람이나 어쩌다 겪은 일을 통해 성공을 이뤘다고 합니다. 이 연구를 바탕으로 '계획된 우연'이라는 진로 선택 이론을 개발한 거지요. 간단히 말하면, 적성, 흥미, 성격 등도 직업 선택의 주요 요소이지만, 실제로는 삶을 살아가는 가운데 발생하는 우연한 사건에 의해 진로가 바뀌는 경우가 많다는 겁니다.

그런데 크롬볼츠 교수가 이 이론을 '우연의 법칙'이 아닌 '계획된 우연'으로 칭한 이유가 있습니다. 우연이 기회가 되기 위해 필요한 다섯 가지 조건이 있기 때문이지요.

1. 호기심 : 내 관심사와 새로운 배움의 기회를 찾는 태도
2. 인내심 : 차질이 생기거나 잠깐의 실수에도 흔들리지 않고 계속 노력하는 태도
3. 유연성 : 뜻밖의 상황을 만났을 때, 내 입장을 수정할 수 있는 자세
4. 낙관성 : 어떤 상황이 오더라도 '나는 잘해 나갈 수 있다'라고 믿는 긍정적 마음
5. 위험 감수 : 앞으로 닥칠 불확실한 상황 가운데 설령 실패하더라도 시도해 보는 자세

제 뉴질랜드인 친구가 생각납니다. 그는 어렸을 때부터 왠지

모르게 한국이 좋았다고 합니다. 그래서 뉴질랜드에 살지만 한 국어도 배우고, K-POP도 즐겨듣고, 한국 음식에도 관심이 많 았지요. 결국 성인이 되어 한국에 온 친구는 막상 와보니 좋긴 했으나, 자기가 할 수 있는 일이 없더래요. 그래서 일단 영어 강 사로 일을 시작했습니다. 그리고 한 친구의 소개로 저와 코칭 을 진행했지요.

그가 한국에서 관심이 생긴 분야, 평소 호기심이 있던 것, 하 고 싶은 것 등을 나누다가 결론이 났습니다.

"유튜브를 시작해 보자!"

물론 처음에는 쉽지 않았어요. 당시 그는 노트북도 없었고, 조명, 마이크 등은 알지도 못했으니까요. 그런데 영어 강사로 일하면서 번 돈으로 조금씩 장비도 마련했고, 정보도 찾아보 면서 꾸준히 영상을 만들었습니다.

영상 내용은 뉴질랜드인에게 신기한 한국문화, 잘 알려지지 않은 뉴질랜드와 한국의 문화 등 그만이 할 수 있는 콘텐츠였 지요. 매주 성장하는 게 보였습니다. 그러다 점점 사람들의 관 심을 받았고, MBC에서 주관하는 크리에이터 상도 받으며, 즐 겁게 유튜브 방송을 해나갔습니다.

그런데 그가 이룬 제일 큰 성공이 뭔지 아나요? 한국에 사는 동안, 한국인 여자 친구를 만나 결혼에 성공한 겁니다(지금은 다시 뉴질랜드로 건너가서 아내와 행복하게 살고 있습니다). 갑자기 결론이 이상하다고요? 그는 처음에 한국을 향한 '호기심'을 품고 '위험을 감수'하며 한국에 왔습니다. 기존에 하던 일을 잠시 내려놓고 '유연성'을 가지고 영어 강사가 되었지요. 그러면서 '인내'와 '긍정적 마음'으로 유튜브 콘텐츠 제작이라는 새로운 도전도 했습니다. 그 과정에서 사랑하는 아내도 만났지요.

당신도 이렇게 한 걸음 한 걸음 나아가 보면 어떨까요?

삶은 늘 불명확하고 불확실합니다.

그런 삶을 마냥 불안해하기만 한다면, 우린 두려움에 갇혀 아무것도 시도하지 못할 겁니다. 이 세상을 살아가는 이상, 불명확하고 불확실한 삶을 즐기고 만끽해야 하지요.

혹시 여행을 좋아하나요? 먼 곳이든, 가까운 곳이든 여행을 안 해본 사람은 거의 없을 겁니다. 여행이 즐거운 이유는 평소에 안 가본 길, 안 가본 장소, 새로운 공간을 만나기 때문입니다. 그리고 어쩌면 그곳에서 길을 잃는 것이 여행의 진정한 묘미이자 희열이 아닐까 싶습니다.

우리 삶도 마찬가지입니다. 길을 잃어 새로운 길을 만났는데, 그 길이 내 길이 될지도 모릅니다. 삶이라는 여행에서 우리는 늘 길을 잃고 새로운 길을 만나게 되니까요!

어떠세요? 지금 길을 잃어 두려운가요? 이 길이 내가 가야 할 길이라고 생각했는데, 이것이 내 꿈이라고 확신했는데, 갑자기 꿈도 사라지고 길도 잃은 것 같아 혼란스러운가요? 그렇다면 새로운 여행을 떠나보는 건 어떤가요?

하나님께서 우리에게 말씀하십니다.

"두려워하지 마라. 내가 너와 함께한다. 놀라지 마라. 내가 너의 하나님이란다."

이 음성을 마음에 품고, 삶이라는 미지의 여행을 담대하게! 떠나보길 바랍니다.

코칭 가이드

1 삶에서 가장 행복했던 순간을 떠올려 보세요. 그때 무엇을 하고 있었나요?

2 무엇을 할 때 가장 즐겁나요? 내가 하고 싶은 일, 닮고 싶은 인물, 가지고 싶은 것을 적어보세요.

3 실패하지 않는다면, 도전해 보고 싶거나 이루고 싶은 목표 가 있나요?

ex. 새로운 악기 배우기, 내 생각을 글로 적어보기, 유튜버 되기, 봉사나 기부 실행하기, 안 해본 운동에 도전하기, 감정을 편안하게 표현하기 등

좋아하는 일과 잘하는 일, 무엇을 선택해야 하나요?

'좋아하는 일 vs 잘하는 일, 그것이 문제로다!'

이건 제 고민이기도 했습니다.

위 그림 정가운데에 있는 '이키가이'(Ikigai)란 '삶의 가치, 존재의 이유'를 뜻하는 일본어입니다. 이키가이는 자신이 좋아하고, 잘하고, 세상이 필요로 하고, 보수를 받을 수 있는 네 가지 요

소의 교집합 개념이지요. 이러한 요소를 시각적으로 표현한 '이키가이 벤다이어그램'은 개인이 삶의 목적과 만족을 찾는 데 도움을 주는 도구로 널리 알려져 있습니다. 이키가이의 네 요소를 살펴보면 아래와 같아요.

1. 좋아하는 일 : 열정과 흥미를 느끼고 즐기는 일
2. 잘하는 일 : 잘할 능력이나 재능이 있는 일
3. 세상에 필요한 일 : 사회적으로 가치 있고, 타인에게 도움이 되는 일
4. 보수를 받는 일 : 경제적 보상을 받을 수 있는 일

이키가이는 이 네 요소를 결합합니다. 그래서 각 요소를 하나하나 생각해 보고 교차하는 부분을 찾는 게 중요하지요.

나의 이키가이를 찾아볼까요?

첫째, 좋아하는 일 찾기

자신이 평소에 즐거워하는 것, 시간을 쏟고 싶어 하는 것을 생각해 보세요. 취미나 흥미가 큰 힌트가 될 수 있어요. 좋아하는 일을 찾는 것은 정말 중요합니다. 진로의 여정은 생각보다 장기전이기에 내가 좋아하는 일과 연결하는 게 중요해요.

싫어하고, 재미없고, 의미 없게 느끼는 것을 오랫동안 한다는 건 실로 고통스러운 일이거든요.

둘째, 잘하는 일 확인하기

내가 잘할 수 있는 걸 찾는 거예요. 학업 가운데, 취업 과정에서 혹은 사람들과 소통하며 나의 유능함을 발휘하거나 소질을 나타낸 경험이 있나요? 그 안에서 당신의 강점을 발견할 수 있습니다. 코칭을 하다 보면, 자신이 잘하는 걸 모르겠다는 사람이 생각보다 많아요. 하지만 잘하는 것은 방에 혼자 있어서는 알 수 없어요. 계속 새로운 환경에서 사람들과 부대끼며 다양한 일을 시도해 보고 경험해 봐야 알 수 있습니다. 또한 잘하는 걸 찾으려면 못 하는 걸 깨닫는 경험도 아주 중요하지요.

셋째, 세상의 필요와 연결하기

내가 관심 있고 잘하는 일이 세상에 필요한 일이 되려면 어떻게 해야 할까요? 그 분야를 향한 사회적 필요가 무언지 고민해 보는 겁니다. 보통은 내가 하고 싶은 일에만 집중하는 경우가 많아요. 하지만 더 나아가 세상이 진정 무엇을 필요로 하는지, 내가 그 필요를 어떻게 채워줄 수 있을지, 사회에 어떻게 기여할지를 고민해 보면 좋겠습니다.

넷째, 경제적 보상 찾기

자신이 좋아하고 잘하는 일을 통해 어떻게 경제적 보상을 받을 수 있을지를 생각해 보는 겁니다. 일할 때 보상이 있어야 지속할 수 있기 때문이지요. 혹자는 '꿈 앞에 돈이 뭐가 중요해!'라며 경제적 보상을 부정적으로 생각하는데, 돈은 우리 몸속의 혈액과 같습니다. 피가 부족하거나 돌지 않으면 살 수 없듯이, 자본주의 사회에서 돈이 없으면 아무리 좋아하는 일이어도 지속할 수 없습니다. 지속 가능성을 위해 일과 경제적 보상의 연결 고리를 찾는 건 중요합니다.

아래는 코칭 과정에서 이키가이 이론을 적용한 사례입니다.

사례 1. 중학생 / 남자

좋아하는 일 : 요리하는 걸 즐김

잘하는 일 : 요리 기술과 높은 창의력을 가짐

세상에 필요한 일 : 인스턴트 식품이 만연한 시대에 건강하면서도 맛있는 음식이 필요함

보수를 받는 일 : 요리사로 취직하거나 레스토랑을 운영하여 수익 창출

⋯▶ 이키가이 : 요리사

사례 2. 대학생 / 여자

좋아하는 일 : 누군가의 이야기를 듣고 도움을 주는 일에 흥
　　　　　미와 가치를 느낌

잘하는 일 : 경청과 공감 능력이 뛰어남

세상에 필요한 일 : 마음이 아픈 사람이 많은 시대에 이를 해
　　　　　　　결할 전문가가 필요함

보수를 받는 일 : 상담 서비스를 제공하며 경제적 보상을 얻음

⋯➔ 이키가이 : 상담사

제 진로 여정을 나누려 합니다.

　저는 늘 사람의 마음에 관심이 많았습니다. 마음의 어려움
을 들어주고 해결하는 데 기쁨과 보람을 느꼈지요. 어떻게 하
면 사람이 마음의 상처를 치유하고 평안을 회복할 수 있을지,
하나님이 주신 목적대로 살아갈 수 있을지 등을 고민하는 것이
세상에서 제일, 아니 유일하게 재미있었습니다.

　처음에는 잘 몰랐지만, 저는 그것을 잘했습니다. 특히 일대
일로 누군가를 만나 그의 마음이 회복되도록 돕는 일이 많았지
요. 대학생 때는 제 이런 점이 소문이 나서 지방에까지 내려가
마음이 아픈 사람의 이야기를 들어주고 상담하는 봉사를 했습

니다. 그때도 '아, 이런 직업이 있으면 좋겠다'라고 생각했지요. 이후 저는 '코칭'이란 분야를 알게 되어 라이프코치로서 세상과 연결되었고, 적정한 보수를 받으며 18년째 수많은 사람의 성장과 발전을 돕고 있습니다.

당신은 어떤가요? 당신이 좋아하고 잘하는 일로 세상에 기여하며 지속 가능한 경제구조를 만들 방법을 찾아보세요. 당장은 눈에 안 보일 수 있습니다. 퍼즐 맞추듯 인생의 조각을 하나씩 찾아가다 보면, 어느새 완성된 그림을 발견할 겁니다.

나의 이키가이를 찾아봅시다.
- 사소하더라도 떠오르는 것을 다 적어보세요
- 네 항목의 교집합을 찾아 나의 이키가이를 적어보세요

• 좋아하는 일 :

• 잘하는 일 :

• 세상에 필요한 일 :

• 보수를 받는 일 :

⋯▸ 나의 이키가이 :

04

믿음
쌓아가기

하나님이 믿어지지 않아요, 신앙의 첫걸음은 무엇인가요?

평생 크리스천으로 살아온 사람도 이 고민을 합니다.

특히 신앙 초기에는 눈에 보이지 않으시는 하나님을 믿는다는 게 더더욱 어려울 수 있지요. 그런데 생각해 보면, 친구를 처음 사귈 때도 바로 믿음이 생기긴 않잖아요.

새 친구를 사귄다는 건 처음엔 어색하고 조금 두렵기도 합니다. 하지만 친해지는 과정에서 서로에게 천천히 마음을 열고, 다양한 경험을 나누며 신뢰를 쌓아갑니다. 진정한 친구가 되려면 서로를 알아가는 시간이 꼭 필요하지요.

하나님과의 관계도 마찬가지입니다. 하루아침에 큰 믿음, 좋은 신앙을 가지려 하기보다는 하나님을 조금씩 알아가면서 그분과 관계를 쌓아가세요. 하나님을 믿는 일은 친구와의 관계처럼 한 걸음씩 천천히 나아가는 여행과도 같아요. 여행 중에는 생각지 못한 어려움을 맞닥뜨리거나 길을 잃어 두려울 때도 있습니다. 하지만 이런 과정에서 우리는 하나님을 더 의지하게 되고 그분 앞에 더 솔직해지지요.

'알다'라는 뜻의 히브리어 '야다'(יָדַע)는 구약 성경에 900번 이상 등장하는데, 그 뜻이 다양합니다. '경험하다, 구별하다, 배워서 알다, 어떤 사람을 알다, 관계하다, 성관계를 하다, 인격적이며 친숙한 관계를 맺다' 등의 의미가 있지요. '야다'의 뜻처럼 단순히 하나님에 관한 지식을 머리로 습득하는 게 아니라 하나님을 깊이 경험하며 가슴으로 알아가길 바랍니다.

성경에도 오랜 시간 수많은 경험을 통해 하나님을 향한 믿음을 점진적으로 쌓아간 이들의 이야기가 많이 나옵니다. 아브라함이 대표적인 인물입니다. 그는 하나님으로부터 "내가 너로 큰 민족으로 이루게 하겠다"라는 약속을 받았지만, 시간이 지나도 그 약속이 이루어지지 않자 좌절했습니다. 하나님의 계획을 의심하고 인간적인 방법으로 문제를 해결하려다 실수하기도 했지요. 그런데도 그는 계속 하나님과 관계를 유지하며 믿음을 키워나갔고, 결국 하나님의 약속대로 큰 민족을 이루었습니다.

"너를 마음이 아픈 이들을 치유하는 자로 쓰겠다."

오래전 하나님께서 제게 주셨던 말씀입니다. 그 음성이 아직도 생생합니다.

저는 내성적이고, 늘 고민이 많았습니다. 성경 속 믿음의 인물들과는 거리가 멀었지요. 하루하루 제 걱정을 감당하는 것만으로도 벅찼기에 저 자신을 '믿음의 사람'으로 생각할 수 없었어요. 그런 제게 하나님께서 저 말씀을 주신 거예요. 마음이 아픈 이들을 치유하는 자로 저를 쓰시겠다고요.

처음에는 "제가요? 말도 안 됩니다"라며 고개를 저었지만, 저는 주님의 말씀을 마음에 담아두었습니다. 그래서 신학교에 진학해 기독교 교육을 전공하면서도 심리학을 함께 공부하며 사람들의 아픈 마음을 어떻게 치유할 수 있을지 연구했습니다. 공동체 안에서도 사람들의 마음을 돌보는 일을 계속했지요.

그때까지만 해도 저는 목회자의 꿈을 가지고 있었습니다. 하지만 비전을 두고 기도하는 몇 년 동안 창세기 12장 1절 말씀이 제 마음에서 떠나지 않았습니다.

여호와께서 아브람에게 이르시되 너는 너의 고향과 친척과 아버지의 집을 떠나 내가 네게 보여줄 땅으로 가라기도할 때마다, 예배드릴 때마다, 심지어 존경하던 목사님까지도 이 말씀을 제게 자주 언급하셨지요. 결국 저는 말씀을 따라가 보기로 했습니다. 지금 생각하면 다소 우스운 반응이었지만, 하나님의 말씀에 순종해서 당시 살던 아버지의 집(아파트)을 떠나는 것부터 실천했습니다. 이후 학교 근처 고시원에서 살아보기도 하고 몇 년간 이 말씀의 의미를 찾아 헤맨 끝에 목회의 길을 내려놓기로 마음먹었습니다. 하나님께서 어디로 인도하실지 전혀 예측할 수 없었지만, 그분이 지시하시는 땅으로 무작정 떠나기로 한 겁니다.

또다시 수년을 그렇게 찾아다녔습니다. 감명 깊게 읽은 책의 저자에게 이메일을 보내기도 하고, 선배들을 찾아가 진로에 관해 조언을 구하기도 했습니다. 그러던 중 우연히 '코칭'이라는 분야를 알게 되었고, 흥미가 생겨 공부하기 시작했지요. 지금은 어느 정도 알려졌지만, 당시에는 저도 코칭이 뭔지 잘 몰랐습니다. 사람들에게 말해도 "코치요? 운동 코치? 혹시 유도 코치세요?" 이런 질문만 되돌아왔지요.

생소한 분야를 개척해야 한다는 두려움이 순간순간 밀려왔습니다. 무섭고, 막막했어요. 하지만 이런 터널 같은 시간 속에서도 하나님의 인도하심을 경험했고, 그때마다 그분을 향한 굳건한 믿음이 더해졌습니다. 정말 하나님의 말씀만 붙들고 걸어갔어요. 그렇게 저는 어느덧 18년째 라이프코치로서 살고 있습니다.

'신앙'은 신뢰를 형성하는 과정입니다.

심리학자 에릭 에릭슨의 발달 이론에 따르면, 인간의 초기 발달 단계에서 가장 중요한 과제가 '신뢰 형성'이라고 합니다. 이 신뢰는 단번에 생기는 게 아니라 반복 경험을 통해 형성된다고 해요. 신앙도 마찬가지입니다. 하나님과의 작은 경험을 통해 신뢰가 쌓이고, 그 신뢰가 커지면서 점차 믿음이 형성되지요.

그러니 하나님을 믿지 못하겠다는 생각이 들 때, 너무 조급해할 필요 없습니다. 중요한 건, 하나님과 관계를 쌓는 과정에서 그분께 솔직해지는 거예요. 친구에게 속마음을 나누듯이 하나님께도 내 안의 의심과 두려움, 기대와 소망을 솔직하게 이야기하는 게 시작입니다. 기도를 통해 하나님께 마음을 열고, 성경을 읽으면서 하나님이 내게 하시는 말씀을 들어보길 바랍니다. 그러면 그분께서 내 삶에 어떻게 역사하시는지를 보고 느끼게 될 거예요.

또 일상의 작은 경험을 통해 하나님을 알아가기를 바랍니다. 삶의 소소한 순간에도 그분이 우리와 어떻게 함께하시는지를 발견하려고 노력해 보세요. 때론 우리가 기대하지 않은, 예상치 못한 순간에 하나님을 경험할 수도 있습니다. 그런 경험이 하나씩 쌓이면, 점차 하나님을 향한 믿음이 자라날 거예요.

거듭 말하지만, 하나님을 믿는다는 건 단순히 머리로 '이해'하는 문제가 아니라 삶으로 '경험'하고 하나님과 직접 '관계'하는 문제입니다. 친구를 사귀듯이 하나님과도 관계를 쌓아가세요. 처음에는 어색할 수 있지만, 한 걸음씩 나아가다 보면 어느 순간, 하나님께서 얼마나 가까이 계셨는지 알게 될 겁니다.

천천히, 솔직하게 그분과 대화를 시작해 보세요. 하나님께서는 당신을 항상 기다리고 계시기에 당신의 마음을 기쁘게 받아주실 겁니다. 믿음은 작은 경험들이 쌓여 큰 신뢰로 자리 잡는 것이니까요.

① 하나님께 한 가지를 여쭤볼 수 있다면, 하고 싶은 질문은 무엇 인가요?

② 오늘 내가 할 수 있는 믿음의 행동은 무엇이 있을까요?

ex. 말씀 묵상, 기도로 하루 시작하기, 걱정을 주님께 맡겨드리기 등

③ 당신이 믿는 하나님은 어떤 분이신가요?

가면 쓰는 나,
진짜 모습을 보이면
사람들이 실망할까요?

'진짜 내 모습을 보이면, 사람들이 나를 싫어하지 않을까?'

이런 고민을 자주 듣습니다. 우리는 종종 교회나 공동체에서 자신의 가장 좋은 모습, 완벽한 모습만 보여주려 노력하지요. 밝게 웃으며 선을 베풀려고 애를 씁니다. 하지만 그 이면에는 불안과 두려움이 숨어 있다는 사실, 알고 있나요?

이런 감정은 대부분 있는 그대로 사랑받지 못한 과거의 경험과 무조건적이고 긍정적인 존중을 받지 못한 상처에서 비롯됩니다. 그 상처가 '나는 타인에게 잘해야만 인정받고 사랑받을 수 있어'라는 믿음으로 변하고, 이는 사랑받고 싶은 대상에게 더 좋은 모습을 보이려는 과도한 노력으로 이어집니다.

그러나 그렇게 해서 사람들의 칭찬과 인정을 아무리 받아도 근원적인 불안은 해소되지 않습니다. 여전히 '사람들이 내 민낯을 보면 그런 말을 못 할 거야'라는 생각에 자신을 숨기고 꾸미는 데 너무 많은 에너지를 소모하지요. 이런 사람은 관계가 깊어질수록 자신의 진짜 모습이 드러날까 봐 더 큰 불안을 느낍니다. 그러다가 자신의 감추고 싶은 모습이 드러나는 순간, 관계를 멀리하거나 공동체를 떠납니다.

자신을 있는 그대로 받아들이지 못하는 건, 극심한 스트레스의 원인이 됩니다. 더 나아가 이 문제는 하나님과의 관계에도 영향을 미칩니다. '하나님도 내 진짜 모습에 실망하시지 않을까?' 하는 불안감에 사로잡히는 거지요. 그로 인해 힘에 부치게 봉사하고 섬겨야만 하나님께 사랑받을 수 있고, 그렇게 안 하면 벌을 받을 거라는 두려움에 휩싸입니다.

이런 상황에서는 무엇보다 자신의 진짜 모습을 드러내는 용기가 필요합니다. 하나님과 사람들에게요.

우리가 아직 죄인 되었을 때에 그리스도께서 우리를 위하여 죽으심으로 하나님께서 우리에 대한 자기의 사랑을 확증하셨느니라 롬 5:8

이 구절은 하나님께서 우리의 추악한 죄와 부족한 모든 모습을 아시고도 사랑하셔서 우리를 위해 죽으셨다고 분명히 말씀합니다. 성경에는 이와 같은 메시지가 계속 등장하지요.

제 인생을 통째로 바꾼 말씀을 소개합니다.

사람이 의롭게 되는 것은 율법의 행위로 말미암음이 아니요 오직
예수 그리스도를 믿음으로 말미암는 줄 알므로 우리도 그리스도
예수를 믿나니 이는 우리가 율법의 행위로써가 아니고 그리스도를
믿음으로써 의롭다 함을 얻으려 함이라 율법의 행위로써는 의롭다
함을 얻을 육체가 없느니라 갈 2:16

'믿음으로써 의롭다 함을 얻는 것'을 신학 용어로 '이신칭
의'(以信稱義)라고 합니다. 이는 하나님으로부터 받는 의로움은
우리의 행위와 공로(잘함) 이전에 주어진 '의'이기에 우리의 행위
나 공로와 전혀 상관없는 것이라는 뜻이지요.

신기하지 않나요? 행함과 노력으로 하나님과 올바른 관계
를 맺을 수 있는 존재는 없습니다. 우리가 죄인임에도 예수님
은 우리를 위해 죽으셨고, 우리에 대한 그분의 사랑을 확실히
증명하셨습니다.

일을 하는 사람에게는 품삯을 은혜로 주는 것으로 치지 않고 당연
한 보수로 주는 것으로 생각합니다. 그러나 경건하지 못한 사람을
의롭다고 하시는 분을 믿는 사람은, 비록 아무 공로가 없어도, 그

의 믿음이 의롭다고 인정을 받습니다. **롬 4:4,5 새번역**

우리가 잘해서, 노력해서 하나님의 사랑을 얻을 수 있다면 그건 "은혜"가 아니고 "보수"로 받는 거지요. 경건하지 않고 의롭지 않은 우리를 의롭다고 하시며 하나님의 사랑을 받을 자라고 여기시는 그분을 믿는 사람은, 그 믿음이 의롭다고 인정 받습니다. 이것이 복음입니다. 우리의 행위와 상관없이 주어지는 하나님의 은혜와 사랑이지요. 이것을 믿나요?

사람들은 자신이 있는 그대로의 모습으로
받아들여지고 있다고 느낄 때만
변화에 대해 진지하게 고민한다.
- 칼 로저스

심리학자 칼 로저스는 자신의 이론에서 '무조건적 수용'에 대해 강조합니다. 자신이 있는 그대로 받아들여질 때, 비로소 자신의 존재감을 찾을 수 있다고 말입니다.

그래서 먼저는 스스로를 수용하는 용기가 필요합니다. 완벽하지 않아도 괜찮다는 걸 인정하고, 하나님께서 나를 있는 그대로 사랑하신다는 믿음을 갖는 게 가장 중요하지요.

이를 실천하는 세 가지 방법을 제안합니다.

첫째, 하나님 안에서 나의 정체성 선포하기

매일 자신에게 친절한 말을 건네고, 자신의 연약함을 인정하세요. "나는 완벽하지 않지만, 하나님께서는 나를 사랑하신다", "나의 공로와 잘함과 상관없이 하나님은 나를 의롭다고 하신다", "나는 은혜받은 자다"와 같이 하나님의 시선으로 나를 바라보며 진리를 선포해 보세요. 믿음은 들음에서 납니다.

둘째, 공동체에서 '나'로 존재하기

심리적으로 안전하다는 느낌을 받는, 내가 있는 그대로 받아들여질 수 있는 공동체를 찾으세요. 그곳에서 진정성 있게 관계를 맺으며 조금씩 자신을 표현하는 연습을 하길 바랍니다. 이런 과정을 통해 점점 나로서 존재하는 편안함을 경험할 수 있을 겁니다.

셋째, 하나님과 신뢰 회복하기

우리의 구원은 믿음을 통해 은혜로 얻었지, 행위로 얻은 게 아닙니다(엡 2:8,9). 내가 열심히 봉사하고 착하게 행동해야만 하나님께 사랑받는다는 생각을 내려놓으세요. 하나님과의 관계는 노력으로 얻는 게 아니라 하나님의 은혜와 사랑을 신뢰하는 것에서 시작됩니다. 이것도 연습해야 함을 기억하세요. 매일 하나님과 진솔하게 대화 나누기, 성경 말씀을 붙들며 하나님의 약속을 믿기, 감사 제목 적기, 두려움과 염려를 하나님께 기도하며 맡겨드리기 등을 통해서요.

교회 안에서 좋은 모습만 보이려 하는 건, 공동체의 일부인 나를 파괴하는 행위입니다. 자신도 지치고, 공동체를 위한 일도 아니지요. 과거의 상처를 잘 다독이고, 두려움을 극복해 보세요. 하나님 그리고 사람들과 진정성 있는 관계를 맺을 때, 비로소 하나님의 사랑을 제대로 경험할 수 있습니다. 나를 조건 없이 사랑하시는 하나님과 함께, 있는 그대로의 나로 살아가기를 응원합니다.

○ 아래 빈칸에 내 이름을 넣어 반복해서 읽어보세요.

하나님이 _____을(를) 이처럼 사랑하사
독생자를 주셨습니다 (요 3:16).

나 _____은(는) 믿음으로 의롭다 하심을 받았습니다
(롬 5:1).

나 _____은(는) 은혜로 그리스도 안에 있습니다 (고전 1:30).

나 _____은(는) 주님의 값 주고 산 바 되었습니다.
나 _____은(는) 하나님의 것입니다 (고전 6:19,20).

나 _____은(는) 죄 사함을 받았으며,
하나님의 한없는 은혜를 거저 받았습니다 (엡 1:6-8).

그리스도께서 나 _____ 안에 계십니다 (골 1:27).

나 _____은(는) 하나님의 아들(딸)입니다.
하나님은 나의 영적인 아버지이십니다 (롬 8:14,15, 갈 3:26, 4:6).

하나님의 사랑,
어떻게 느낄 수 있나요?

"하나님의 사랑이 느껴지지 않아요."

많은 분이 신앙생활 가운데 겪는 이런 어려움을 제게 털어놓습니다. 설교를 듣고 성경을 읽으며 하나님의 사랑을 머리로는 알지만, 마음으로는 느껴지지 않는다고요. "하나님의 사랑을 저도 느껴보고 싶어요"라고 호소하기도 합니다.

세계적인 교육학자이자 영성가인 파커 J. 파머가 말했습니다.

"지식은 관계를 통해서 온다."

하나님의 사랑을 느끼기 위해서는 단순한 이론적 이해를 넘어 하나님과 깊은 관계를 맺는 것이 중요합니다. 어떤 사람은 사랑을 이론으로 이해하려 하지만, 사랑은 관계 안에서만 진정 경험될 수 있습니다. 그러므로 하나님의 사랑을 경험하는 방법은 단 하나, 그분과 일대일의 관계를 맺는 것입니다.

하나님과 관계 맺는 세 가지 방법을 제안합니다.

첫째, 하나님과의 만남 연습하기

먼저 기도하는 것을 연습해 보았으면 합니다. 처음엔 어색하고 어려울 수 있지만, 그저 편한 사람에게 이야기한다고 생각하며 하나님께 한번 말해보세요.

"하나님, 저 오늘 피곤해요. 힘 좀 주시겠어요?"

"하나님, 가족과 다투어 속상해요. 오해가 풀리도록 도와주세요."

"하나님, 지금 제 곁에 계시지요? 저를 어떻게 바라보고 계시나요?"

이렇게 일상의 감정과 생각을 하나님께 아뢰는 겁니다. 그러다 보면 어느 순간, 그분과 대화를 나누는 경험을 하게 됩니다. 내 기도를 향한 하나님의 크고 작은 응답을 경험하지요.

성경은 '하나님의 러브레터'입니다. 우리를 향한 그분의 사랑이 절절히 적힌 성경 말씀을 묵상하는 것도 그분과 관계 맺는 대단히 중요한 방법이에요. 하나님은 눈에 보이지 않으시기에 말씀으로 자신을 나타내셨습니다. 우리는 성경을 통해 하나님의 마음을 깨달을 수 있지요.

처음에는 되도록 쉬운 말로 된 역본으로, 쉬운 내용 혹은 읽고 싶은 부분부터 읽기를 권합니다. 시편이나 조금은 익숙한 신약부터 읽어도 좋습니다. 읽다 보면, 점점 하나님의 마음이 느껴지고, 내게 말씀하시는 하나님의 음성을 성경 구절을 통해 듣게 될 거예요.

둘째, 공동체 안에서 하나님의 사랑 느끼기

하나님의 사랑은 일대일의 관계뿐만 아니라 공동체 안에서 더욱 온전히 경험할 수 있습니다. 하나님께서는 믿음의 공동체를 통해 당신의 사랑을 나타내십니다. 공동체 안에서 나누는 우정과 사랑, 서로를 향한 섬김과 헌신을 통해 하나님의 사랑을 더 깊이 체험할 수 있습니다. 믿음의 동역자와의 신뢰와 사랑의 관계를 통해 느껴지지 않던 하나님의 사랑이 머리에서 가슴으로 내려오기도 하지요.

인간은 태어날 때부터 의존적인 존재로, 다른 사람과의 관계 속에서 정체성을 형성하고, 정서적 안정감과 사랑을 느낍니다. 친구나 가족, 특히 어머니와의 관계에서 받는 사랑은 우리의 뇌와 가슴을 연결합니다. 이런 경험을 통해 우리는 단순한 정보로는 얻을 수 없는 깊은 사랑의 감정을 느낍니다.

어린 시절, 어머니의 품에서 받은 사랑은 살면서 사랑을 느끼는 기초가 되지요. 그래서 어릴 적에 버림받아 부모의 품에 안겨

보지 못한 아이들은 평생 사랑을 제대로 느끼지 못한다고 합니다. 하나님의 사랑도 마찬가지입니다. 하나님과 관계가 깊어질수록 우리는 그분의 사랑을 마음으로 경험하게 됩니다.

또한 그분의 사랑을 온전히 느끼려면 가족과의 교제와 공동체에서의 사랑 나눔이 중요합니다. 혼자 사막에 들어가서 하나님을 독대하며 그분의 사랑을 경험한 사막의 교부들도 나중에는 공동체의 중요성을 깨닫고 공동체(수도원) 운동을 시작했습니다. 이처럼 우리는 부모의 사랑, 공동체의 사랑을 통해 하나님의 사랑을 더 깊이 알게 됩니다.

앞서 말했듯이 저는 어릴 적에 상처가 많은 아이였습니다. 저를 향한 부모님의 사랑 표현이 참 부족했지요. 그래서 저는 늘 부모님의 사랑을 갈구했고, 그 상태로 하나님의 사랑도 느끼지 못했습니다. 하나님이 나를 사랑하신다는 말씀을 들었지만, 그것을 받아들이기 어려웠어요. 그때 제게 하나님의 사랑을 보여주신 분이 있었습니다. 바로 교회 선생님입니다.

선생님은 신앙 안에서 제게 깊은 관심을 보여주었습니다. 제 유치한 고민도 판단 없이 들어주었고, Q.T. 생활을 잘해 나가도록 격려해 주었지요. 제가 가족의 일로 힘들어할 때마다 위로해 주고 하나님 앞에 나아가도록 이끌어 주었습니다. 선생님의 사랑을 받으며 저는 조금씩 하나님의 사랑을 느끼기 시작했습니다. 그리고 수련회에서 하나님을 인격적으로 만났습니다. 하나님의 사랑을 경험하도록 제게 보내주신 분이 그 선생님이었다는 생각이 듭니다.

셋째, 봉사와 헌신을 통해 하나님의 사랑 경험하기

교회 수련회나 선교 여행, 봉사 활동 등은 하나님의 사랑을 경험하는 좋은 기회입니다. 누군가에게 사랑을 주려고 결정하면, 하나님의 사랑이 내 안에 부어지는 것을 경험하게 될 겁니다.

2000년 겨울, 몽골 보육원으로 선교 및 봉사 여행을 간 적이 있습니다. 저는 몽골 아이들에게 많은 것을 주려고 마음먹었었지요. 하나님의 사랑과 준비한 프로그램, 가져간 물품들로 말이죠. 하지만 모든 기대가 무너졌습니다.

당시 몽골의 보육원은 생각한 것과 매우 달랐습니다. 대부분의 아이가 부모가 없어서 제대로 된 양육을 받지 못한 상태였고, 한 6세 아이는 음식을 주워다가 아픈 부모를 보살피고 있었습니다. 글씨를 읽거나 쓸 줄 아는 아이가 거의 없었지요.

그래서 제가 할 수 있는 게 많지 않았습니다. 그저 손을 잡고 '둥글게 둥글게' 놀이를 한다든지, 한 명 한 명과 '하이 파이브'를 한다든지, 공을 주고받으며 노는 것 정도였지요. 그런데 아이들은 제 작은 행동에도 큰 사랑을 느끼는 것 같았습니다.

그런 아이들을 보면서 충격을 받았지요.

나의 작은 사랑을 받아주는 아이들에게 오히려 내가 사랑받는다고 느꼈습니다. 아이들이 얼마나 귀하고 예쁜지, 하나님께서 그들을 얼마나 사랑하시는지가 느껴졌어요. 저는 하염없이 울면서 깨달았습니다. 그 아이들을 사랑하시는 하나님 아버지께서 저를 얼마나 사랑하시며 불쌍히 여기시는지를요. 그래서 "사랑받으려면 사랑을 주라"라는 말이 있나 봅니다.

하나님의 사랑이 느껴지지 않는다면, 꼭 하나님의 사랑을 누군가에게 흘려보내 보길 바랍니다.

사랑 안에 두려움이 없고 온전한 사랑이 두려움을 내쫓나니 두려움에는 형벌이 있음이라 두려워하는 자는 사랑 안에서 온전히 이루지 못하였느니라 요일 4:18

우리는 하나님을 "아버지"라고 부릅니다. 아버지가 아주 편하기만 한 존재는 아니지요. 그도 그럴 것이, 우리는 하나님 아버지의 말씀에 순종해야 하며 그분을 전적으로 따라야 합니다. 때로는 그분께 혼나기도 하지요. 그러나 그분이 요구하시는 거룩의 기준과 내리시는 벌의 근간은 오직 '사랑'이라는 걸 잊지 말아야 합니다.

대저 여호와께서 그 사랑하시는 자를 징계하시기를 마치 아비가

그 기뻐하는 아들을 징계함같이 하시느니라 **잠 3:12**

혹시 하나님이 무서워서 다가가지 못하고 있나요? 그건 그
분을 경외하는 것과는 다릅니다. 우리를 진정 사랑하셔서 자
기 아들을 내어주기까지 하신 하나님의 사랑을 온몸으로 경험
하여, 그분과 친밀히 교제하는 당신이 되길 기도합니다.

(1) 내게 하나님은 어떤 분이신가요? 솔직하게 적어보세요.

(2) 하나님과 일대일 관계를 맺기 위해 어떤 노력을 하면 좋을까
요? 꾸준히 할 수 있는 작은 실천 방안을 생각해 보세요.

ex. 아침에 눈 뜨자마자 예수님에게 인사드리기, 출퇴근길 혹은 자기 전
에 예수님과 대화하기, 1일 1장 성경 읽기 등

(3) 하나님께 털어놓고 싶은 말을 기도로 적어보세요.

교회에 실망했어요,
신앙을 지켜나갈 수 있을까요?

"부모는 아이의 우주다."

이런 말 들어보았지요? 아이는 부모를 완벽한 존재로 여깁니다. 무슨 일이든 해결해 줄 수 있고, 모든 문제에 정답을 갖고 있다고 생각하지요. 하지만 시간이 지나면서 부모가 완벽하지 않다는 사실을 점점 깨닫습니다. 이는 어쩌면 아이가 진정 성장하고 자신을 발견해 가는 자연스러운 과정일 것입니다.

교회와 교인들에게 실망을 느끼는 것도 이와 비슷한 경험입니다. 처음엔 교회가 모든 답을 줄 수 있을 것 같고, 교인들 역시 신앙적으로 완벽할 것 같지만, 시간이 흐르며 그들도 인간적인 부족함과 연약함을 갖고 있다는 사실을 깨닫습니다. 이는 성숙한 신앙인으로 나아가는 중요한 과정 중 하나입니다.

교회의 역사를 보면, 교회는 완벽하지 않았습니다. 대다수

교파가 노예제도를 성경의 내용이라며 찬성했던 때도 있었고, 신앙의 이름으로 전쟁을 일으킨 일도 있었습니다. 현대에 이르러서도 여러 사회 문제가 교회를 둘러싸고 발생합니다. 그로 인해 많은 사람이 교회에서 떠나고, 신앙을 버리는 안타까운 일이 일어나지요.

그럼에도 중요한 건, 하나님께서 교회를 통해 역사하셨고, 헌신하는 성도들을 통해 이 땅의 역사를 바꾸셨다는 겁니다. 교회의 부족함에도 하나님의 일하심은 교회를 통해, 신앙인들을 통해 끊임없이 이어졌지요.

18세기 영국의 하원의원이었던 윌리엄 윌버포스는 노예제도 폐지에 선구자 역할을 했습니다. 당시 많은 교단이 노예제도를 묵인하거나 찬성했지만, 그는 하나님 앞에서 자신의 양심을 따라 싸웠지요. 그 과정에서 그 역시 교회와 사회의 실망스러운 면면을 목도했습니다.

'어떻게 하나님을 믿는 사람들이 노예제도를 찬성할 수 있을까?'

그러나 그의 신앙은 하나님께 뿌리를 두고 있었기에 오로지 하나님께 순종하며 그분의 뜻을 구했습니다. 그렇게 20년 가까이 애쓴 끝에 노예무역 폐지 법안이 통과되었고, 그는 병상에 눕는 순간까지도 노예제도의 완전한 폐지를 외쳤습니다.

신앙도 성장한다는 사실, 아나요?

미국의 신학자이자 심리학자인 제임스 파울러는 신앙 발달 이론에서 '신앙의 6단계'를 이야기합니다. 이는 사람이 유아에서 청소년 그리고 청년으로 자라나듯이 신앙도 나이와 경험 등에 따라 성장하는 과정을 설명한 이론입니다. 어린 시절에는 주 양육자인 부모, 목회자, 교회 친구들의 영향을 많이 받지만, 점차 신앙에 대해 스스로 고민하고 질문하며, 성숙한 믿음으로 발전한다는 내용이지요.

그중 4단계는 '개인적-반성적 신앙'으로 개별적으로 신앙을 고민하기 시작하는 시기입니다. 이전에는 부모가 가르쳐주거나 교회에서 배운 것을 그대로 받아들였지만 4단계에 이르면, '나는 왜 기독교를 믿지? 이게 정말 맞는 걸까?' 같은 고민을 시작합니다. 다른 사람의 생각이 아닌 자신만의 신앙을 찾으려는 시기이므로 의심하고 질문하는 것이 자연스러운 과정이지요.

'하나님이 정말 살아계실까?', '그렇다면 세상에 왜 이렇게 고통과 악이 만연할까?', '하나님이 원하시는 교회는 어떤 모습일까?', '내 예배를 하나님이 받으실까?', '삶의 예배는 어떻게 드려야 할까?' 이런 수많은 물음표가 생기는 건 나쁜 게 아닙니다. 더 깊은 신앙으로 나아가는 필수 과정이지요.

이 단계에서는 주변에서 다른 누군가가 주입한 신앙이 아닌,

스스로 선택한 자기만의 신앙을 찾고 만들어갑니다. 여전히 부모나 교회의 영향 아래 있지만, 질문과 고민을 통해 자기 신앙을 점검하고 고민하고 답을 찾으며 더 성숙한 신앙을 형성해가지요.

교회에 실망한 당신은 어쩌면 이 4단계 '신앙의 사춘기'에 이르렀는지 모르겠습니다. 기존에 들어온 하나님, 다들 그렇다고 해서 그런 줄 알았던 신앙이 아니라 진짜 '나의 하나님'을 만나는 시기 말입니다. 우리는 이처럼 실망을 통해서 자신의 기대와 바람을 발견할 수 있기 때문입니다.

알리스터 맥그래스는 《회의에서 확신으로》에서 자신이 신학자로서 신앙 안에서 느낀 회의와 의심의 과정을 심도 있게 다룹니다. 더불어 신앙인이 품는 여러 회의를 분석하며 극복하는 방법도 제시합니다. 그는 '복음', '자기 자신', '예수님', '하나님'에 대한 회의 등 다양한 주제를 다루며, 그런 회의가 신앙의 위기가 아닌 성장의 기회가 될 수 있음을 강조하지요.

저 역시 고민이 많았습니다.

신학교에서 기독교 교육을 전공한 저는 누구보다 하나님의 일에 열심을 냈고 사람들을 돕고 섬겼습니다. 그런데 늘 저를 괴롭히는 풀리지 않는 의문이 있었습니다.

'하나님은 선하신데, 세상은 왜 이렇게 슬픔이 가득할까?'

'하나님은 사랑이신데, 교회는 왜 이렇게 상처와 아픔으로 얼룩져 있을까?'

'이렇게 아픔이 가득한데, 예수님은 대체 어디 계신 걸까?'

이런 생각에 제 마음에도 고통이 가득했습니다. 그러다 군대에 갔는데, 첫날 선임이 저를 부르더니 말했습니다.

"너 신학생이라며? 여기에는 하나님 없다. 각오해!"

그가 왜 그런 말을 하는지 처음에는 몰랐습니다. 그저 속으로 '이 사람도 신앙이 있었는데 군대에서 상처를 많이 받았나 보다' 정도로만 생각했습니다. 그런데 이후 저는 그의 말을 삶으로 경험했습니다. 당시 군대에서는 매일 구타가 이어졌습니다. 선임들은 고된 훈련으로 인한 짜증과 분노를 후임들에게 구타와 욕설로 풀곤 했지요. 매일 얻어맞고, 잠도 못 자고, 괴롭힘을 당하면서 여기에는 하나님이 없다던 선임의 말이 납득될 정도였습니다.

저는 극도로 힘든 나날을 보내며 수면시간이 너무나 부족했음에도 새벽이면 조용히 일어나 선임들 몰래 화장실로 갔습니다. 그리고 손바닥보다 작은 성경책을 주머니에서 꺼내 숨죽여 읽으며 하나님께 간절히 은혜를 구했지요.

'주님, 도와주소서. 도와주소서!'

그렇게 하루하루 하나님께서 주시는 힘으로 버텼습니다. 그러던 중, 주말에만 군부대 교회에서 군종으로 봉사하게 되었습니다. 갓 입대한 병사들에게 라면을 끓여주며 위로하는 일을 하게 되었지요. 그런데 병사들을 보면서 참 놀라웠습니다.

처음엔 지칠 대로 지치고 수척한 얼굴로 와서 라면을 먹는데, 그 작은 라면 한 그릇과 제 따뜻한 말 한마디에 큰 위로와 사랑을 받고 조금이나마 회복되는 게 보였습니다. 펑펑 울며 눈물 콧물 뒤섞인 라면을 맛있게 먹고는 여러 번 고맙다고 인사하며 부대로 돌아갔습니다. 잠시의 환대와 소박한 라면이 그들에게 고난을 이겨낼 희망이 되었지요. '라면 교제' 속에 예수님이 살아계심을 느꼈습니다.

이후 저는 병사들의 마음 상태에 관한 보고서를 군부대에 계속 제출했습니다. 보고서에는 군종병이 부대에 상주하여 병사들을 돌보는 일이 얼마나 중요하며, 군대의 사건 사고를 줄이기 위해 얼마나 필요한 부분인지를 강조했지요. 한참 후, 저는 부대장님의 승인으로 다른 보직을 내려놓고 교회에 상주하는 것을 허락받았습니다. 원래 대대급 교회에는 상주하는 군종병이 거의 없었기에 더 놀라운 일이었지요.

이후로도 저는 병사들을 열심히 도왔습니다. 하지만 마음이 몹시 힘든 병사들의 이야기를 오래 들어줄 수 없고, 기껏해야

간식을 쥐여주며 다독이는 것밖에 할 수 없어서 자괴감이 들기도 했습니다.

몇 년 뒤 부대를 방문했을 때, 병사들을 한 명 한 명 보살피기 위해 노력했던 사람으로 제 이름을 기억하는 이들이 있어서 감사했습니다. 대단한 건 아니지만 그런 작은 순간을 통해 저는 예수님을 경험했지요. 제 안에 살아계신 예수님이 꺼지지 않는 불꽃이 되어 나를 도우시고, 나를 통해 사람들을 살리는 희망이 되어주셨으니까요.

교회 안에서 갈등하는 순간은 반드시 찾아옵니다.

하나님께서는 이 시간을 우리에게 왜 허락하실까요? 교회에서 무언가에 실망하는 순간이야말로 자신의 신앙을 정립해 나갈 중요한 기회이기 때문입니다. 그러니 교회의 부족함을 비판적으로 바라보되, 그 속에서 하나님이 어떻게 일하실지를 기대하세요. 그런 때일수록 하나님과 독대함으로 나의 신앙을 단단히 세워가기를 바랍니다.

또한 완벽하지 않은 공동체 안에서 우리는 서로를 이해하고 사랑하는 법을 배웁니다. 이전에는 용납하지 못했던 영혼까지도 넉넉히 품을 수 있는 너른 품을 갖게 되지요. 그러므로 실망스러운 순간이 있더라도 그 안에서 성장할 수 있는 부분을 찾는 태도가 중요합니다.

교회와 사람은 불완전하지만, 하나님은 완전하시고 선하십니다. 그분을 바라보는 것이 신앙의 핵심입니다. 결국 우리 신앙의 중심은 교회나 사람이 아닌 하나님께 있습니다. 교회는 아직 완성되지 않은 공동체입니다. 그 완성은 바로 '나' 그리고 '우리'로 인해 이루어진다는 것을 기억하면 좋겠습니다.

실망의 경험은 성숙한 신앙으로 나아가는 한 과정입니다. 이 시간을 하나님께 더 가까이 나아가는 기회로 삼으세요. 당신을 향한 하나님의 인도하심을 경험하길 기도합니다.

① 최근 교회 공동체에 실망하거나 신앙 안에서 회의를 느끼는 부분이 있나요?

② 1번과 관련하여 하나님께 하고 싶은 말을 솔직하게 적어보세요. 잠시 눈을 감고 말씀드려도 좋아요.

③ 위 문제에서 내가 배우고 성장할 점은 무엇일까요?

세상 것에 의존하고 싶은 유혹, 어떻게 떨쳐내나요?

우리는 일상을 살며 이것저것에 유혹을 느낍니다.

SNS, 숏폼(짧은 영상), 음식, 친구, 게임 등은 우리에게 일시적인 즐거움과 안정감을 주지요. 하지만 너무 의존하면, 그것이 없을 때 불안하거나 공허함을 느낄 수 있습니다.

예를 들어, 나의 SNS에 올라오는 타인의 반응을 너무 신경 쓰다 보면 '사람들이 나를 어떻게 생각할까?', '나를 좋아할까? 괜찮아 보일까?' 하는 염려와 불안이 생깁니다. 그로 인해 SNS나 다른 사람의 반응에 의존하게 되지요. 의존은 우리의 심리 상태와 깊게 연결되어 있어서, 자칫 마음을 더 깊은 불안으로 빠뜨리곤 합니다.

이런 의존적인 행동은 불안, 외로움, 공허함과 같은 감정을 피하기 위해 나타나는 것일 수 있습니다. 시험을 앞두고 불안

할 때 스트레스를 풀기 위해 게임을 하거나 친구와 계속 메시지를 주고받은 경험이 있지 않나요? 이런 행동은 잠깐은 불안을 덜어주지만, 궁극적으로 문제를 해결하지는 못합니다.

게임 자체는 나쁜 게 아닙니다. 그러나 게임에서 빠져나오지 못하는 사람이 있다면, 그는 아마 게임에 의존하여 다른 데서 비롯된 불안감을 잊으려고 시도하는 것일 수 있어요. 중요한 건, 왜 그렇게 의존하는지 근본 원인을 깨닫는 것입니다.

의존에서 벗어나려면 어떻게 해야 할까요?

먼저 자신의 욕구를 이해해야 합니다.

'내가 왜 스마트폰을 계속 들여다보지?'

'내가 왜 그 게임에 빠져들까?'

'내가 지금 어떤 감정을 느끼고 있지?'

'이 감정을 다른 방식으로 해결할 수는 없을까?'

이렇게 스스로 질문해 보는 겁니다. 이런 과정 없이 "게임을 끊겠다", "스마트폰을 보지 않겠다"라고 말하는 건 "군것질을 안 하기 위해 계속 굶겠다"라고 다짐하는 것과 비슷해요. 이러면 며칠은 끊어낼 수 있을지 몰라도 다시 돌아가기 마련이지요. 물론 궁극적으로는 끊는 게 목표입니다. 그러나 먼저 나의 욕구와 마음 상태를 이해하고, 나를 건강하게 채워주는 게 선행되어야 합니다.

　우리의 모든 필요와 욕구를 궁극적으로 채워주실 수 있는 분은 오직 하나님뿐이십니다. 하나님께서는 우리가 느끼는 외로움과 불안을 누구보다도 잘 아시며, 우리가 그분 안에 거할 때 진정한 평안을 주십니다. 세상 것에 의존하면 잠시 잠깐 위안을 얻을 뿐이지만, 하나님께 의지하면 우리는 그분의 깊고 무한한 사랑으로 충만해질 수 있습니다.

　유혹과 의존의 문제 앞에서 하나님을 더욱 의지해 보길 바랍니다. 우리를 잡아끄는 일상의 수많은 유혹 거리로부터 벗어나 자유할 방법은 결국 하나님 안에서 진정한 만족을 경험하는 것뿐임을 꼭 기억하세요.

　내면의 욕구를 이해하고 하나님 안에 거하기를 힘쓰면서 의존하던 대상을 끊어내기 시작했다면, 그 상태를 지속 가능하게 할 방안이 필요합니다. 이때 산책이나 운동을 시작하거나 동아리에 들어가 새로운 주제로 이야기를 나눠보거나 혼자만의 시간을 가지며 기도하고 책을 읽는 것도 좋습니다.

　중요한 건, 이런 활동 역시 나를 일시적으로 편안하게 만들어 줄 뿐, 내면의 욕구와 결핍을 궁극적으로 채워주실 수 있는 분은 하나님이심을 자각하는 거예요.

여기서 '자기 통제력'이 중요한 키워드입니다.

완전히 모든 것을 끊어내는 게 아니라 '선택할 수 있는 힘'을 기르는 게 중요해요. 게임을 하고 싶을 때 '지금은 내가 스트레스를 풀기 위해 게임을 선택하지만, 언제든 산책을 선택할 수도 있어'라고 건강하게 선택할 힘을 기르는 겁니다. 이것은 어쩌면 '나는 절제할 수 있다'라는 스스로에 대한 자신감을 얻는 방법이기도 하지요.

의존 자체는 나쁜 게 아닙니다. 다만, 내가 그것을 필요로 할 때 건강하게 선택할 수 있는지, 언제든 절제할 수 있는지, 그 선택이 나를 자유롭게 하는지를 스스로 점검해 봐야 하지요.

제가 만난 한 교회 청년의 고민은, 밤에 일을 마치고 집에 돌아오면 지치고 힘든데 외롭기까지 한 거였어요. 그래서 하루는 맥주를 한 캔 사서 마셨는데 기분이 좋아졌다고 합니다. 그런데 처음엔 간혹 마시던 것이 점점 늘어 매일 밤 마시는 지경에 이르렀습니다. 그러다가 이제는 맥주를 마시지 않으면 마음의 지침과 외로움이 해결되지 않아 밤에 잠도 오지 않았어요.

그는 고민했습니다.

'셀 리더로서 교회 지체들에게 모범도 안 되고, 무엇보다 술이 아닌 하나님을 의지해야 하는데… 어떡하면 좋을까?'

저는 이 문제를 가지고 코칭을 진행했습니다. 먼저는 그 청년과 마음의 대화를 나누었어요. 무엇이 그를 지치고 외롭게 만드는지를요. 그가 점점 마음을 열고 말하기 시작했습니다.

그의 부모님은 종종 그를 탓하고 폭언을 일삼는 분들이었어요. 대학도 실력에 맞는 곳에 가지 못했다며 자주 질책했고, 대기업이 아닌 중소기업에 다닌다는 이유로 늘 무시했지요. 그는 이런 부모님의 말을 매일 들으니 열심히 일하는 자신이 초라하게 느껴진다고 했습니다.

저는 그의 상황과 속마음을 들으며 깊이 공감했고, 같이 울고 화내며 아파했습니다. 무엇보다 하나님이 우리를 얼마나 귀하게 창조하셨는지와 하나님께 그 청년을 향한 얼마나 놀라운 계획이 있으신지를 나누었지요. 우리는 매일 함께 기도하며 하나님의 도우심을 구했습니다.

그렇게 몇 달간 이야기를 나누며 청년의 감정이 해소되기 시작할 무렵, 저는 그의 꿈을 물어보았습니다. 하고 싶은 것이 무엇인지, 열심히 노력해서 무얼 이루고 싶은지를요.

그는 '좋은 아버지'가 되고 싶다고 했습니다. 경제적으로 자녀를 뒷받침해 주고 심적으로도 지지해 주는 멋진 아버지가 되고 싶다고요. 우리는 그 꿈을 위해 무엇을 할지 계획을 세웠습니다. 그는 건강을 위해 노력하겠다고 다짐했고, 얼마 후에 피트니스 센터에 등록했습니다. 매일 늦은 시간까지 일하면서도 성실하게 운동했지요. 초반엔 오히려 더 피곤하고 근육통으로 어려움을 겪었지만, 마음을 굳게 먹고, 밤에 못 가면 새벽에라도 가서 열심히 운동했습니다.

하지만 처음부터 술을 완전히 끊지는 못했습니다. 대신 조금씩 줄여 나갔지요. 그러던 어느 날, 그가 말했습니다.

"코치님, 저 이젠 맥주를 끊고 싶어요."

그 이유를 묻자 이렇게 말하더군요.

"하나님께서 제게 힘을 주시니 새로운 힘이 생겨요. 이젠 하고 싶은 것도 많고요. 그래서 맥주를 마시며 늘어져 있는 시간이 너무 아까워요. 기도하고 운동할 시간도 부족한데…."

참 재밌지 않나요? 스스로 맥주를 끊겠다고 말하는 청년의 이야기가요. 여기서 주제는 '의존하던 것을 완전히 끊는다'가 아니라 '통제력을 갖는다'인 것 아시죠? 하나님이 주시는 힘 안에서 내가 선택할 수 있는 능력을 갖는 것이 진정한 자유입니다.

코칭 가이드

1 현재 내가 하나님보다 더 의존하는 것은 무엇인가요? 그것을 끊어내기 위해 어떤 노력을 하면 좋을까요?

2 과거에 작은 유혹을 극복한 경험이 있나요? 어떤 방법이 가장 효과적이었나요?

3 하나님과 친밀해지기 위해 어떤 노력을 할 수 있을까요? 그것을 영적 습관으로 만들기 위한 방법을 적어보세요.

무한 경쟁 사회에서,
어떻게 살아야 할까요?

비교는 불행의 시작입니다.

끊임없이 경쟁하고 비교하는 사회에서 살다 보면, 삶이 불행하게 느껴지기도 합니다. 인생을 남과 비교하기 시작하면 끝이 없지요. 그 끝에 절망이 기다리고 있을 뿐입니다.

우리가 할 일은 비교에서 벗어나, 예수님이 하셨던 것처럼 소외되고 아픈 자들에게 눈을 돌리는 겁니다. 예수님은 언제나 사회에서 가장 소외되고 낮은 자들과 함께하셨고, 그들을 사랑으로 품으셨습니다.

예전에 뉴질랜드에 몇 번 방문한 적이 있습니다. 처음 갔을 때는 그곳이 천국처럼 느껴졌습니다. 복지도 잘되어 있고, 교육 시스템도 훌륭해 보였습니다. 만나는 사람마다 뉴질랜드는 정말 좋은 나라이고, 자신들은 좋은 교육을 받고 자랐다며 자부했지요. 하지만 뉴질랜드도 청소년 자살 문제가 심각하다는 뉴스를 보았습니다. 한때는 청소년 자살률이 OECD 국가 중 가장 높은 수준이었지요(https://www.onechurch.nz/news_nz/43292). 이런 예상치 못한 수치를 보면서, 사람의 마음과 정신 건강이 뉴질랜드가 자랑하는 자연환경이나 복지 및 교육 시스템만으로는 해결되지 않는다는 걸 알게 되었습니다. 편안하고 좋은 환경이 마음의 문제까지 해결해 주진 못한다는 것을요.

오히려 가난하고 어려운 국가를 다니며 봉사하는 친구들이 자기 삶의 의미를 찾아가는 모습을 봅니다. 그들은 가난하고 아픈 사람들을 도우며 자신이 할 수 있는 일이 많음을 느끼고 비전을 찾아가지요. 편안하고 안정된 환경이 아닌 가장 낮은 곳에서 진정한 삶의 의미와 가치를 발견한 겁니다.

《세계가 만일 100명의 마을이라면》을 보면, 세계 인구의 다양한 상황을 직관적으로 이해할 수 있습니다. 아래는 책 내용 일부를 발췌한 것입니다.

100명 중 15명은 비만이지만 20명은 영양실조이고 1명은 굶어 죽기 직전입니다.

100명 중 25명은 비와 이슬을 피할 집이 없고, 17명은 깨끗하고 안전한 물을 마실 수조차 없습니다.

자가용을 가진 사람은 100명 중 7명 안에 드는 부자입니다.

100명 중 1명만 대학 교육을 받았고, 2명은 컴퓨터를 가지고 있습니다. 14명은 글도 읽지 못합니다.

100명 중 48명은 괴롭힘이나 체포와 고문, 죽음을 두려워하고 있으며, 자신의 신념과 양심에 따라 움직이고 말할 수 없습니다.

100명 중 20명은 공습이나 폭격, 지뢰로 인한 살육과 무장 단체의 강간이나 납치를 두려워하며 살고 있습니다.

당신은 어디에 속하나요? 만약 세상에 100명의 사람만 있다면, 우리가 사는 곳이 어떤 곳인지 더 직접적으로 알 수 있을 겁니다. 우리는 늘 부족함을 느끼지만, 사실 우리 삶은 상대적으로 풍족합니다. 그래서 더더욱 경쟁과 비교의 틀에서 벗어나 예수님이 가르쳐주신 아프고 소외된 이들을 위한 삶을 살아야 하지요. 그들이 바로 우리가 사랑해야 할 이들이고, 그 안에서 삶의 의미와 진정한 가치를 찾을 수 있기 때문입니다.

단순히 자기 위로를 하자는 말이 아닙니다. "너보다 더 가난한 사람이 많으니 주어진 삶에 감사해!" 식의 가벼운 감사를 강요하는 것도 아닙니다. 삶의 방향성을 재정립하자는 거예

요. 우리를 이 땅에 보내신 하나님의 부르심과 비전을 생각해
보자는 거지요.

오래전 조선 땅을 밟은 선교사들이 있습니다.

그들은 편안한 삶을 뒤로한 채 끊이지 않는 전쟁으로 쑥대
밭이 된 이 가난하고 아프고 소외된 조선에 하나님의 부르심만
을 붙들고 와서 병원을 세우고, 백성들을 계몽하고, 삶을 바쳐
헌신했지요. 그러나 그들의 삶은 고난의 연속이었습니다.

1885년 조선에 온 H. G. 언더우드 선교사는 오기 전에 결혼
을 약속한 약혼녀와 이런 대화를 나누었다고 전해집니다.

약혼녀가 물었습니다.

"그곳에서는 무얼 먹고 사나요?"

"모르겠소."

"병원은 있나요?"

"모르겠소."

"그럼 당신은 조선에 대해 아는 게 뭔가요?"

"내가 아는 것은 오로지 그곳에 주님을 모르는 1천만 민중이
산다는 것뿐이오."

이후 언더우드 선교사는 약혼녀에게 파혼을 통보받고, 홀로
조선으로 향했다고 합니다. 그는 연세대학교의 모태인 연희전

문학교를 설립하는 등 의료선교와 교육사업에 헌신했습니다. 또 조선인 교우들과 조선 최초의 장로교 교회인 새문안교회를 설립했지요.

1890년 조선에 온 로제타 서우드 홀 선교사는 의료 소외 계층을 위해 헌신하며 시각 장애인을 위한 특수 교육과 여의사 양성에 삶을 바쳤습니다. 그녀는 이 땅에서 수많은 어려움을 겪었지만, 가장 큰 시련은 함께 의료 봉사를 했던 사랑하는 남편과 딸의 죽음이었습니다. 그런 아픔 속에서도 한국을 떠나지 않고 어려운 이들을 돌보면서 그녀가 세운 우리나라 최초의 여성 의학 교육기관인 조선여자의학강습소는 오늘날 고려대 의과대학으로 성장했지요.

이런 사례는 셀 수 없이 많습니다. 이 땅에 뿌려진 선교사들의 순교의 피와 눈물 어린 희생과 사랑이 있었기에 지금의 우리가 있는 것임을 잊어서는 안 됩니다.

우리는 크리스천으로서 어떻게 살아가야 할까요?

다 같이 해외에 나가서 선교 봉사하며 살자는 게 아닙니다. 내가 있는 자리에서, 나를 죽기까지 사랑하신 예수님의 사랑을 받은 자로서, 어떤 마음과 자세로 살 것인가를 말하고 싶어요.

세상이 말하는 성공 기준에 나를 애써 끼워 맞추지 말고, 자신만의 길을 찾았으면 합니다. 예수님의 삶을 본받아 낮아지고, 소외된 이들에게 사랑으로 다가갈 때, 진정한 기쁨과 보람을 찾을 수 있을 겁니다. 비교에서 벗어나 가치와 의미를 좇아 살아가는 게 크리스천의 삶 아닐지요.

철학자이자 유명 작가인 알랭 드 보통은 '성공'에 대해 사람들이 자주 오해한다고 지적합니다. 그는 우리가 살아가는 세상이 사회적 지위나 외적인 기준으로 사람을 판단하는 경향이 있으며, 이런 문화가 우리를 불안 속에 살게 한다고 말합니다. 또한 돈, 명예, 지위와 같은 외부적인 성과로 정의하는 성공의 개념이 도리어 우리에게 스트레스를 유발하고, 패배감과 사회적 박탈감을 느끼게 만든다고 하지요.

그는 사회적 기대와 잣대로 성공을 평가하는 게 아니라 개인의 가치에 따른 내면적 성취를 기준으로 성공을 정의해야 한다고 주장합니다. 진정한 성공을 경험하기 위해서는 자신이 가치를 두고 정말 원하는 것을 이루는 게 중요하다는 거예요.

우리는 이 성공의 기준을 '하나님의 기준'으로 재정의해야 합니다. 하나님이 말씀하시는 성공은 무엇일까요? 하나님이 내게 주신 소명은 무엇일까요? 비교에서 벗어나, 하나님이 원하시는 기준 그리고 나를 향한 소명에 초점을 맞추길 바랍니다.

① 훗날 하나님 앞에 섰을 때 그분께서 "무얼 하다 왔니?"라고 물으신다면, 뭐라고 답하고 싶나요?

② 내 삶에 뿌리내리길 원하는 가치는 무엇인가요?

   ex. 정직, 사랑, 배려, 헌신, 희생, 정의, 감사, 책임, 성실, 공동체 정신 등

③ 주변 사람들에게 하나님의 사랑을 전하고 선한 변화를 일으키기 위해, 어떤 실천을 할 수 있을까요?

스펙 쌓을 시간에,
교회 봉사만 해도 괜찮을까요?

당신의 스펙은 안녕한가요?

소위 '스펙'이란 이력서를 화려하게 만드는 여러 자격증이나 경험을 말합니다. 오늘날 많은 청년이 더 좋은 학벌이나 직장을 얻기 위해 스펙 쌓기에 바쁩니다. 그런데 크리스천은 교회 봉사와 공동체 활동에 참여하다 보면, 스펙을 쌓거나 자기 계발을 할 시간과 에너지가 부족해지기도 합니다. 그러니 '스펙 쌓기 vs 교회 활동'의 갈림길에서 갈등하게 되지요.

우선은 교회 봉사나 공동체 활동이 내게 어떤 의미인지를 살펴볼 필요가 있습니다. 특히 교회 봉사는 사람들과 소통하는 법을 배우고, 공동체에서 성장하는 중요한 기회가 됩니다. 또한 교회 임원이나 셀 리더로서 사람들을 이끌어 보거나, 선교 여행 혹은 수련회에서 맡은 일을 완수하는 경험은 단순히 이력서를 채우는 것 이상의 큰 의미가 있지요. 이를 통해 얻는 건 '보이는 성과'가 아닙니다. 그보다 훨씬 깊이 있는 '성장'이 일어나지요. 하나님의 뜻 가운데 하나인 교회 봉사를 통해 공동체 안에서 다양한 사람들을 보듬고 이해하고 리더십을 발휘해 보는 건 스펙 이상의 가치를 지니는 귀중한 경험입니다.

'나만 뒤처지는 것 같은데 괜찮을까?'

때로 이런 생각이 들 수 있습니다. 친구들은 각종 화려한 자격증을 취득하고, 좋은 회사에 취업하는데, 나만 느리게 가는 것 같을 수 있어요. 그러나 우리 삶이 진짜 뿌리를 내리는 시간은 바로 느리다고 생각되는 이때입니다.

성경은 어려움과 고난이 오기 전에 하나님을 기억하고 그분과 관계 맺는 것이 중요하다고 말씀합니다.

너는 청년의 때에 너의 창조주를 기억하라 곧 곤고한 날이 이르기 전에, 나는 아무 낙이 없다고 할 해들이 가깝기 전에 전 12:1

"청년의 때"는 인생에서 가장 중요한 시기입니다. 이 시기에는 '빨리' 가는 것보다 '어디로' 갈지 방향 설정을 제대로 하는 것이 훨씬 중요합니다. 이 귀중한 때에 하나님을 충만히 경험하고 누리길 바랍니다. 더 나아가 하나님께 충성하고 사람에게 봉사하며, 사람들과 함께하는 법을 배우길 바랍니다.

래퍼 비와이는 신앙 안에서 자신의 정체성을 발견하고, 그 믿음의 고백을 랩으로 표현하는 예술가입니다. 그는 교회 공동체 안에서 성도들과 교제하고 어울리며 자신만의 음악을 만들었고, 세상에 그 노래를 발표하여 대중에게도 사랑받게 되었지요. 배우 조정석도 "배우를 해보지 않겠나?"라는 교회 목사님의 권유로 연기를 시작했다고 합니다. 이처럼 교회에서의 경험이 단순히 나를 소진하거나 낭비하는 시간이 아니라, 스펙 면에서 '나를 만들어 가는 시간'이 될 수 있다는 거예요.

요즘은 이력서에 적힌 자격증과 스펙만으로 사람을 평가하지 않습니다. 사람들과 소통하며 리더십을 발휘할 줄 아는 사람, 자기만의 생각과 신념을 가지고 변화를 일으키며 감동을 선사할 줄 아는 사람을 원하지요. 교회 봉사와 공동체 생활을 통해 얻을 수 있는 여러 경험과 실력은 나의 진로와 비전을 찾아가는 데 큰 도움이 될 것입니다.

저는 중학교 2학년 때부터 찬양 인도를 했습니다.

처음에는 얼마나 못했는지, 평일에도 하루 1시간씩 교회에 가서 발성 연습을 하고 혼자 회중 앞에서 말하는 연습도 하곤 했지요. 그런데도 잘하지 못하는 제가 안쓰러웠는지 많은 교인이 저를 도와주었습니다. 이후 저는 대학에서도, 심지어 군대에서도, 또 예수전도단이라는 선교단체에서도, 제 인생 통틀어 20년 가까이 찬양 인도를 했습니다. 지금은 하지 않지만, 그 시간을 통해 배운 것이 참 많습니다.

저는 원래 사람들 앞에 서면 가슴이 쿵쾅쿵쾅 뛰었습니다. 그런 제 기질과 다르게 너무 오랫동안 회중 앞에서 무언가를 진행하고 찬양 인도도 하면서, 별명이 '정 진행'이 되었습니다. 이제는 여러 행사에서 사회도 재미있게 보고, 리드도 잘합니다. 어떤 사람은 제게 "진행이 천직"이라고 말하기도 했지요.

생각해 보면, 교회만큼 사람들 앞에서 무언가를 해볼 기회가 많은 곳이 없고, 사람들을 인도할 역할을 맡겨주는 곳도 없습니다. 게다가 교회에서는 내가 좀 부족해도 성도들이 따뜻한 마음으로 격려하고 넘어가 주니, 어렵지 않게 도전하고 성장할 수 있지요. 교회 공동체는 리더십, 소통 능력, 무언가를 기획하고 실행하는 경험 등을 쌓을 수 있는 최적의 장소입니다.

또한 선교 여행이나 교회 봉사는 신앙적 이유를 넘어 개인의 성장과 내면의 성숙을 위해서라도 꼭 해보길 권합니다. 이를 통해 많은 청년이 꿈과 비전, 삶의 목적을 발견합니다. 하나님 안에서의 경험과 성장과 깨달음은 우리를 더 단단하게 만들어

주지요. 그 과정에서 하나님을 깊이 만나고, 삶의 방향을 찾는다면 그거야말로 진정한 성공이 아닐까요.

물론 교회 봉사를 하다 보면, 회의감이 들거나 지칠 수 있어요. '내가 잘하고 있는 걸까?', '나도 남들처럼 스펙을 쌓아야 하지 않을까?' 하는 불안감이 엄습할 수 있습니다. 그럴 때는 담당 교역자나 믿을 만한 공동체원에게 고민을 나누며 어떻게 나아가면 좋을지를 기도해 보세요.

해외에서 경험해 보고 싶은 일이 있거나 다른 사회적 활동을 통해 배우고 싶은 것이 있다면, 잠시 교회 봉사를 내려놓고 그런 경험을 쌓는 것도 좋습니다. 안 해보고 아쉬워하기보다는, 도전해 본 후에 다시 돌아와서 봉사의 가치를 새롭게 느끼는 게 나을 수도 있으니까요.

중요한 건, 하나님이 원하시는 방향으로 가기를 힘쓰는 거예요. 마음을 다해 하나님을 사랑하며, 어느 길을 가든 거기서 배움을 얻고 성장하는 겁니다. 그렇게 하나님 안에서 나아가다 보면, 모든 경험이 삶의 열매로 돌아올 겁니다.

1. 나는 교회에서 어떤 섬김과 봉사를 하고 있나요? 혹은 소망하는 봉사를 적어보세요.

2. 이 봉사를 통해 나는 무엇을 배우고 있나요? 혹은 소망하는 봉사를 통해 무엇을 배우고 성장하길 원하나요?

3. 교회에서 봉사하는 나에게 하나님께서 뭐라고 말씀하실까요? 스펙 쌓기에 대한 조급함을 하나님께 기도문으로 올려드리세요.

마음돌봄

초판 1쇄 발행 2025년 1월 27일

지은이 정진

펴낸이 여진구
책임편집 김아진 정아혜
편집 이영주 박소영 최현수 구주은 안수경 김도연
책임디자인 노지현 | 마영애 조은혜 정은혜
홍보 · 외서 진효지
마케팅 김상순 강성민   **마케팅지원** 최영배 정나영
제작 조영석 허병용   **경영지원** 김혜경 김경희

303비전성경암송학교 유니게 과정
이슬비전도학교 / 303비전성경암송학교 / 303비전꿈나무장학회

펴낸곳 규장

주소 06770 서울시 서초구 매헌로 16길 20(양재2동) 규장선교센터
전화 02)578-0003   **팩스** 02)578-7332
이메일 kyujang0691@gmail.com   **홈페이지** www.kyujang.com
페이스북 facebook.com/kyujangbook   **인스타그램** instagram.com/kyujang_com
카카오스토리 story.kakao.com/kyujangbook
등록일 1978.8.14. 제1-22

ⓒ 저자와의 협약 아래 인지는 생략되었습니다.
이 출판물은 저작권법에 의해 보호를 받는 저작물이므로 무단 전재와 무단 복제를 할 수 없습니다.

책값 뒤표지에 있습니다.
ISBN 979-11-6504-593-7 03230

규 | 장 | 수 | 칙

1. 기도로 기획하고 기도로 제작한다.
2. 오직 그리스도의 성품을 사모하는 독자가 원하고 필요로 하는 책만을 출판한다.
3. 한 활자 한 문장에 온 정성을 쏟는다.
4. 성실과 정확을 생명으로 삼고 일한다.
5. 긍정적이며 적극적인 신앙과 신행일치에의 안내자의 사명을 다한다.
6. 충고와 조언을 항상 감사로 경청한다.
7. 지상목표는 문서선교에 있다.

하나님을 사랑하는 자 곧 그의 뜻대로 부르심을 입은 자들에게는 모든 것이 合力하여 善을 이루느니라(롬 8:28)

규장은 문서를 통해 복음전파와 신앙교육에 주력하는 국제적 출판사들의 협의체인 복음주의출판협회(E.C.P.A:Evangelical Christian Publishers Association)의 출판정신에 동참하는 회원(Associate Member)입니다.